U0926667

引爆关注点

移动互联时代下引爆社交式营销

胡珺喆 著

中国财富出版社

图书在版编目（CIP）数据

引爆关注点：移动互联时代下引爆社交式营销／胡珺喆著．—北京：中国财富出版社，2015.5

ISBN 978－7－5047－5597－1

Ⅰ.①引…　Ⅱ.①胡…　Ⅲ.①网络营销　Ⅳ.①F713.36

中国版本图书馆CIP数据核字（2015）第050592号

策划编辑	黄　华	**责任印制**	方朋远
责任编辑	邢有涛　单元花	**责任校对**	梁　凡

出版发行　中国财富出版社

社　　址　北京市丰台区南四环西路188号5区20楼　　**邮政编码**　100070

电　　话　010－52227568（发行部）　010－52227588转307（总编室）

010－68589540（读者服务部）　010－52227588转305（质检部）

网　　址　http://www.cfpress.com.cn

经　　销　新华书店

印　　刷　三河市西华印务有限公司

书　　号　ISBN 978－7－5047－5597－1/F·2230

开　　本	710mm×1000mm　1/16	**版　　次**	2015年5月第1版
印　　张	12.75	**印　　次**	2015年5月第1次印刷
字　　数	183千字	**定　　价**	35.00元

前 言

没有关注，会失去一切！

在社交中，要想吸引他人的注意力，首先就要引起关注。为了引起他人的关注，人们一般会使用很多方法，比如递交名片、给对方帮忙、穿件别样的衣服、设计一个有个性的头型等。其实，在商场中也是如此。要想将自己的产品销售出去，首先就要引起关注；如果想让对方认可自己的品牌，也要引导对方的关注！

如今，移动互联网的使用规模正在飞速发展，很多企业借助移动互联网取得了巨大的成绩。网络营销的第一步是要吸引到目标消费者的关注，如何做才能更好地吸引到关注？独特的产品外形会引起消费者的兴趣，因此产品需要一个最吸引人的特质，然后尽可能地把这一特质放大，让消费者越来越喜欢并最终决定购买。因此，当传统营销与移动互联网亲密接触的时候，吸引关注，永远是根本！

要让消费者深深地爱上你的产品，就要想尽所有办法引爆关注点，这样才能引起大家的关注，让大家为你停留，否则一切效果都无从谈起。如果企业的产品或者品牌无法引起消费者的关注，那么后续的沟通、影响都没有任何可能，营销目的也就无法实现。营销的目的有很多，比如曝光新品、扩大产品知名度、提升销量、提高品牌美誉度等，但不管你做什么项目、目的是什么，都要切记：第一要务永远是“引爆关注点”！

在实际营销工作中，企业背负着沉重的工作压力，很容易被“扩大产品知名度、提升销量、提高品牌美誉度”等这些最终的目的所牵绊。可是，如果不是这个新品本身具有吸引力，就很难有网友关注。那么，如何来引爆关注呢？这正是这本书要解决的问题！

本书内容阐述的是：为了引爆关注点，企业不仅要实现从传统营销思维到社交式思维的转变，还要努力实现社交平台和营销模式的变革；不仅要把握社交式营销的三个基准点，还要掌握社交式营销在实施品牌战略时引爆关注点的五个步骤；不仅要做好引爆关注点的信息内容的选择和制造，还要学会以独特的方式呈现出引爆点。

在激烈的市场竞争中，要想让自己立于不败之地，就要引起关注！为了将问题说明得更加通俗易懂，我们在这本书中列举了很多典型事例，并对其进行了简要的分析，道理明确，方法适中，可以举一反三。

本书的出版得到了以下朋友的支持，特此感谢：张琦、陈冠声、吴琦、张信东、王文辉、李小梅、陈明辉、陈文娜、黄萌辉、吴莉、胡宗能、雷勉鹄、涂观平、钟毅恒、杨华、文从君、张朝峰、徐三笑、李国昆、周子文、易礼粟、孙铖、施育宝、刘飞。

作　者

2015 年 1 月

目 录

第一章
新营销模式中的关注点

引起关注——企业营销的关键

即使令人讨厌的广告也可能会引起消费者的正面反应，因为它能吸引人的注意，会给人留下深刻的印象。要想做好营销，引导他人的注意力是不可或缺的！

在商品琳琅满目的买方市场已形成时期，在资讯发达的信息社会中，在供大于求和信息过剩的时代，到处都是产品和信息，令人眼花缭乱，目不暇接，于是，注意力也就成了一种稀缺和昂贵的“商品”！“好酒也怕巷子深”，当消费者面对的产品越来越多时，受到消费者青睐的产品往往不是最好的，而是最先引起消费者注意的。

当今社会是个“快鱼吃慢鱼”的时代，只有在最短的时间里赢得顾客的注意，才能充当胜利者。因此，吸引顾客注意力也就成了企业所要面对和承担的首要任务。引起关注也就成了所有营销方案的起点，这也是企业营销的实质！

在我国，农夫山泉股份有限公司是一家饮用水生产企业，成立于1996年9月26日，原名为“浙江千岛湖养生堂饮用水有限公司”。公司拥有“农夫山泉”品牌，靠着一句“农夫山泉有点甜”的广告语闻名。

2001年，在全民支持北京申奥的背景和主题下，农夫山泉发出了“买一瓶农夫山泉，就为申奥捐一分钱”“再小的力量也是一种支持”的呼喊，成功地吸引了消费者的视线。从2001年1月1日至2001年7月31日，农夫山泉承诺“每销售一瓶农夫山泉，就提取一分钱”，用来支持北京申奥事业。这就是农夫山泉的全民支持申奥的“一分钱”活动。

农夫山泉股份有限公司不是以个体的名义，而是代表消费者群体的利益来支持北京申奥的，这个策划在所有支持北京申奥的企业行为中确实是一个壮举，极大地引起了消费者的注意。

无独有偶！

脑白金通过不厌其烦、没完没了地做广告：“今年过节不收礼，收礼只收脑白金”，把“脑白金”3个字深深地刻在了消费者的头脑里。这句广告甚至还被评为“2001年中国十大最受刺激电视广告”之一。

其实，即使令人讨厌的广告也可能会引起消费者的正面反应，因为它能吸引人的注意，会给人留下深刻的印象。这就告诉我们，要想做好营销，引导他人的注意是不可或缺的！那么，如何能在最短的时间里赢得顾客注意呢？可以采用下面的一些方法。

1. 多给消费者一些信息刺激

在推销活动中，顾客对商品的注意和了解，主要是从眼看、耳听、口尝、鼻嗅、手摸等感觉中获得的。因此，多给消费者一些信息刺激是有效引起顾客注意的重要手段。

通常来说，在推销过程中，对消费者的信息感官刺激分为三种类型，如表1所示：

表1　　信息感官刺激的3种类型

类　型	说　明
强烈刺激	当销售信息给顾客带来的感官刺激比周围其他因素具有更强的作用时，就能唤起顾客的注意。比如，在展示商品时，销售人员洪亮的声音、商品醒目的外表等，通常都更容易引起顾客的注意；而低缓的音调、老式的外表则会让顾客感到失望与反感
变化刺激	在推销时，连续重复一个单调的信息刺激，顾客也会因习惯而熟视无睹。要想提高顾客的注意力，就要进行信息变化创新，比如，在宣传广告的画面上配上不断闪动的霓虹灯、在给顾客送美味佳肴时配上厨师的高超烹饪表演等，这些都能成功地吸引顾客的注意力
新异刺激	新异事物最容易激发起顾客的好奇心。比如，为顾客表演绝技或制作配方，往往更能轻松地招徕顾客，唤起他们的深切关注

2. 面对不同的消费者采用不同的对待方式

销售人员在对即将面临的推销环境和顾客的背景资料进行了一定程度的调查分析之后，面对不同的推销对象，就要采用不同的对待方式；要保持清醒的头脑，因时因地灵活应变，具体情况具体分析，有效地吸引顾客。

通常情况下，顾客的购买需求与购买行为会受到经济、文化、政治、社会、传统习俗、地域、民族和本人个性特征等多种因素的制约，如果想成功地吸引顾客，不仅要研究一下顾客的人文背景，还要正确判断一下顾客的购买习性，抓住顾客的心理需求，有针对性地运用推销技巧和方法。

3. 留意细节，观察顾客的情绪反馈

顾客的情绪反馈来源于最初接受的推销信息的刺激，当刺激信号达到一定程度时，顾客就会发生情绪变化，如喜、怒、哀、乐等情绪。在推销现场的情绪表现，对顾客的购买行为的影响极大，销售人员必须时刻注意顾客的情绪，运用恰当的方法来影响和改变顾客的情绪。不仅要向顾客强调商品的使用价值，还要告诉消费者：该件商品可以给顾客带来哪些利益享受。

销售人员运用劝说技巧吸引顾客的注意力，并不是无中生有地蒙骗顾客，一定要从满足顾客的需求出发，依靠现实的商品和消费利益来吸引消费者。将商品的使用功效传递给对方，将商品的使用价值展示出来，使消费者相信、购买销售人员所推销的产品所带来的利益享受。

信息传播——引起大众对事件的关注

> 销售管理中的产品信息传达，就是要用特定的方式去影响人们的购买行为，使它在市场上产生反应。只有不断交流信息，才能使生产、销售等活动正常进行。

所谓信息传播是指人们通过声音、文字、图像或者动作相互沟通消息。信息传递研究的是什么人、向谁说什么、用什么方式说、通过什么途径说来达到什么目的。在进行产品信息传播时，能够引起他人关注的传播

渠道，才是最基本也是最有效的传播渠道。

波司登是全国最大、生产设备最为先进的品牌羽绒服生产商，主要从事自有羽绒服品牌的开发和管理，包括产品的研究、设计、开发、原材料采购、外包生产及市场营销和销售。在品牌的发展历程中，波司登通过赞助中国登山队和斯洛伐克登山队攀登珠穆朗玛峰的活动，在“事件营销”中扮演了重要角色。

> 1997 年 10 月，为了纪念人类首次登上珠峰 45 周年，纪念人类首次双跨珠峰 10 周年，以及中国与斯洛伐克建交 5 周年，经中斯两国政府批准，中国登山协会与斯洛伐克山岳联盟共同组队，在 1998 年 5 月向世界第一高峰——珠穆朗玛峰发动进攻。
>
> 在正式登峰之前，中国登山协会为攀登珠峰进行了充分的准备，其中包括为登山队选择优质登山防寒服。最终，波司登成为中国登山队制作登山服的厂商，并获得冠名权。1997 年 12 月，波司登与中国登山队协会签订协议，《人民日报》《光明日报》《中国青年报》《服装时报》等 20 多家媒体相继报道了这一消息。
>
> 1998 年 3 月 26 日，在北京召开了中国波司登登山队壮行会，国家体育总局领导及中央电视台等 30 多家媒体一起参加，董事长高德康代表波司登第一次喊出了“波司登，挑战世界最高峰”的响亮口号。
>
> 1998 年 5 月 24 日 7 时，在经历 6 日、8 日、18 日屡次登顶突击失败后，中国波司登登山队终于成功登上了珠穆朗玛峰的顶端，将“中国波司登登山队”队旗和“波司登雄踞中国第一，挑战世界名牌”的金属牌放到了海拔 8848 米的这一世界最高峰上。
>
> 喜讯传来，全国沸腾！

这次登山活动所引发的新闻报道，在很短的时间里，便迅速提高了“波司登”这一品牌的知名度。在珠峰峰顶，波司登羽绒服经历了零下 40

摄氏度的低温考验，证明了其卓越的保暖、抗风、透气性能，证明了它的一流品质，也大大提高了品牌的美誉度。

波司登“事件营销”告诉我们，销售管理中的产品信息传达，就是要用特定的方式去影响人们的购买行为，使它在市场上产生反应。

一般来说，信息传递程序中有 3 个基本环节，如图 1 所示：

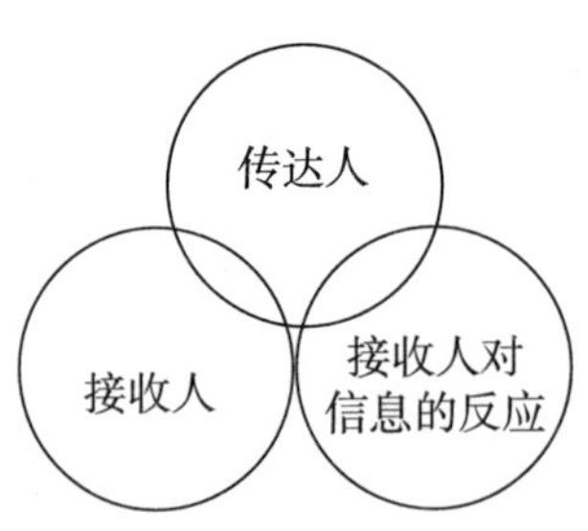

图 1　信息传递的 3 个环节

在图 1 中，第一个环节是传达人，也就是销售人员，必须把信息译出，成为接收人所能懂得的语言或图像等；第二个环节是接收人，也就是消费者，要把信息转化为自己所能理解的解释，称为“译进”；第三个环节是接收人对信息的反应，要再传递给传达人，称为反馈。

信息在人们的社会生活中发挥着十分重要的作用。例如：科学研究，既要及时获得别人的研究成果，也要及时把自己的研究成果发表，借此告诉别人，只有通过这样的信息交流，才能不断发展；打仗，不仅要及时获得敌人兵力布置的信息，还必须把各种作战命令传达给官兵；经商，只有及时了解各地市场的信息，才能确定进什么货、从哪里进货、到哪里去卖等。

总之，只有不断交流信息，才能使生产、销售等活动正常进行。在产品销售过程中一时一刻也离不开信息，要想引起消费者的关注更是如此！

移动互联网的传播效益

> 在移动互联网的大环境下，品牌传播是无法脱离人的世界而单独存在的。在移动互联网时代，品牌传播不仅会在新的传播环境之下踏寻出一条前所未有的传播路径，还会收到与以往不同的传播效果。

如今，国内外移动互联网正在飞速发展，移动互联网已经为很多企业带来了非常明显的实质性效益。随着效益数据的逐渐增大，广大民众对移动互联网的依赖也越来越高，从某种意义上来说，人类的创新动力就是来源于懒惰导致的刚性需求。

1. 移动互联网给营销带来了巨大变化

只要一提到移动互联网的发展，很多人都会很自然地联想到 iPhone（苹果手机）。iPhone 的价格虽然比大多数功能手机的价格都高，但它提供了一种完全不同的操控方式，顺畅的电容触屏不仅解放了消费者的手指，还迎合了人们懒惰的诉求。引得很多智能手机都来效仿，于是触控笔和键盘功能手机逐渐在人们的视野中消失了。同时，苹果开创的 App Store（服务软件）模式为用户提供了智能选择权，用户可以按照自己的需要下载或删除应用 APP（智能手机的第三方应用程序）。

正是这种开放智能的模式，成就了为大家带来诸多便利的移动互联网。如今，很多人都可以通过移动终端进行网上冲浪，人们也体会到了利用微信与企业公众账号沟通带来的便利。手机、平板电脑、车载互联等移动终端几乎满足了人们所有的生活需求，比如：阅读、信息分享、社交、购物等。当人们对移动互联网的依赖越来越强的时候，巨大的潜在商机出现了。

如今，4G（第四代通讯技术）牌照在我国的发放，引起了移动互联网的又一波热潮，10倍于3G（第三代通讯技术）的网速让更多的应用得以普及实现，例如，在公众场合看视频不再受限于有无WiFi（无线保真），地铁里也能轻松玩手游。不仅如此，新加坡的科学家还发明了一种气味模拟器，如果必胜客有了新品比萨，用户就可以直接通过手机闻到香味并选购。

有人说，移动互联网是第五媒体！移动互联网让所有的媒体内容都移动起来了，给商家的营销活动提供了更多可能。其实，一直以来，营销环境都在随着传播介质的改变而改变，符合时下用户主流生活体验的媒体永远是营销传播媒体的引领者。令人感到欣慰的是，今天已经出现了类似的成功案例，比如，2012年《第一财经周刊》APP广告费用规模超过了200万元；湖南卫视APP“呼啦”的注册用户超过了600万；优酷移动端日均VV（视频播放量）超3亿，优酷APP跻身TOP10（中国服务外包最佳园区十分强）应用……这些传播媒体的移动客户端丰富了我们的生活，以一种强大的力量抢占了我们的碎片化时间，移动互联网也就自然地成了未来的主要营销传播阵地！

2. 移动传播具有怎样的特点

移动互联网时代，传播的底层架构已经发生了巨大的改变，用户接触信息的方式通常是以两种形式存在的，一种是主动的资讯模式，另一种是被动的生活空间。归纳起来，移动传播具有这样一些特点。

（1）社交化

移动传播中所说的社交化，主要是指社会化媒体。作为一种移动设备，手机是一个带有情感和情绪的终端，是移动设备所有者个性、价值观的表现，因此移动互联网的社会属性越来越强。

移动设备是一种专属于个人的东西，定然会体现出用户个人的兴趣、爱好、性格等；然后，通过社交媒体建立自己的兴趣圈、关系网；最后，通过用户之间的互动，比如评论、转发、点赞等行为实现信息的互动传播，从而认同自己的价值观，满足自己的价值需求。移动传播的社交化过程就是这样完成的。

（2）本地化

说到本地化，首先要提到“LBS”这个词。LBS是一种基于位置的服务，它通过电信移动运营商的无线电通讯网络（如GSM网、CDMA网），或外部定位方式（如GPS），来获取移动终端用户的位置信息（如地理坐标或大地坐标），在地理信息系统平台的支持下，为用户提供相应的服务。

“本地化”这个词，在移动互联网中可以理解为“位置关系”，也就是说，人们可以依靠地理位置建立起一种关系，这种关系也是建立在网民依据自己的价值观、兴趣、爱好等建立的兴趣圈、关系网之上的。知道了自己的位置关系后，就可以成功实现本地化。如此，不仅有助于用户价值需求的完成，还能够提高移动互联网信息传播的效率和效果。

（3）移动化

移动互联网的增长速度之所以迅猛，这和移动互联网的特性是分不开的。PC（个人电脑）端的互联网承担着工作的职责，而移动端更多承担的是娱乐休闲功能，因为移动互联网具有随时、随地、即兴的特性。

其实，所谓“随时、随地、即兴”，说的就是生活空间中的场景化、空间化和生活化，移动互联网的信息传播定然会处在这些不同的空间中。其实，只要处在某个特定的场景之中，一旦激发了兴趣，人们就会发生传播行为。移动互联网正好符合了人们利用碎片化的时间获取碎片化信息的需求——基于网民价值观和兴趣对信息获取和社交的需求，并且让这种需求变得更加随时、随地、即兴！

如今，更多的手段与移动互联网发生了关系，二维码、增强现实技术、基于位置的无线 WiFi 和小区广播的技术都已经成熟，而移动支付、NFC（近场通信）也正在被引爆。因此，企业一定要认真思考一下，如何通过新的技术对接与手机建立关系，如何才能将手机与其他媒介进行关联，让媒介之间通过手机实现无缝链接？

3. 信息传播效益

在移动互联网时代，对品牌传播所面临的大趋势和小需求都要进行深入研究。只有将这些方面都重视起来，才有可能把握好品牌传播的平衡姿态。

当前，品牌传播所面临的大趋势是已经进入移动互联网的传播环境，其所面临的小需求就是品牌传播所采用的传播方式更加多样化、所面对的传播对象更加自媒体化，这些因素让品牌传播的需求特征发生了新变化：品牌传播过程中的移动性、互动性和人性化因素成了推动品牌传播需求形成的主要原因。

（1）移动互联网时代的传播趋势

在 2009 年，我国 3G 技术得到了大规模推广，自此传播领域便出现了新的趋势和变化。随着移动宽带网络应用的兴起和海量移动个人自媒体群体的形成，对品牌传播的模式和趋势产生了重要影响。

首先，移动宽带互联网时代到来。

互联网技术环境的变化为品牌传播创造了更为便利的条件，3G 网络、智能终端、丰富的软件应用等构成了移动互联网时代的重要元素，而具有移动性和宽带化传播特征的互联网传播成为品牌传播的重要传播途径。也就是说，移动宽带互联网为品牌传播提供了新的创新空间。

其次，移动自媒体时代到来。

移动宽带传播时代的一个重要变化就是，依托于移动互联网传播环境的海量移动自媒体的出现。随着 Facebook（脸谱网）、Twitter（推特）、Youtube（影片分享网站）、新浪微博等移动互联网传播新平台的形成，为海量自媒体的出现创造了重要的条件。而海量移动自媒体的出现，从本质上也改变了传统品牌传播的环境和方式。在移动互联网时代，品牌传播被放置在一个更为复杂、敏感、快速、个性化的传播环境中。

最后，传播架构发生了重要改变。

在移动互联网时代背景下，传统的传播架构、创新的传播需求、互联网产业的波动等要素更为复杂，形成了移动互联网传播领域的新景观。随着移动互联网应用的常态化，传统的传播架构发生了重要改变；互联网的创新性应用创造了大量新的传播需求，而移动互联网时代的品牌传播，自然也会受到互联网发展变化带来的影响。

（2）移动互联网时代的传播环境

在传播世界，对于传播的需求是不断变化的，对于品牌的塑造可以采用不同的方法。在移动互联网环境下，品牌传播所面临的传播环境更具互动性、弹性和人性化。具体来说，可以从以下 3 个方面来理解移动互联网时代的传播环境变化。

首先，在传统媒体的传统领地，固守和转型同时并存。

在新媒体的传播过程中，传统媒体的承接、确认和放大已成为新媒体传播的重要一环。如果没有传统媒体传播系统的存在及呼应，新媒体传播是很难独立于传统传播系统之外并产生如此大的社会影响的。另外，所谓的传统媒体，也是在移动互联网的环境中寻求新转型和新突破的。

其次，在新媒体的创新空间，增量与存量市场的争夺同时存在。

以移动互联网新媒体为核心的互联网新媒体，正在不断创造新的发展空间。从一定意义上来讲，这种传播需求的空间是增量空间，但是在传播市场领域，这种拓展不可避免地会对传统媒体的存量市场造成影响。因此，在传播领域，增量空间和存量空间的分界线也不再非常清晰。

最后，在融合环境下，品牌传播的需求特征正在发生变化。

当前，移动互联已经成为传播领域发展的大趋势，而以移动传播为新特征的传播新格局也正在逐渐形成。面对移动互联网的传播发展趋势，用户都非常重视，并纷纷调整自身的传播战略。

(3) 移动互联网时代的品牌传播

今天，固定互联网的应用已经非常普遍，而移动互联网的应用则正在流行。在移动互联网环境下，人们已经获得了更多的传播自由、更大的传播创新空间。在日益复杂的传播世界中，移动互联网时代的品牌传播依旧需要关注诚信、智慧和战略等关键要素。

诚信是品牌传播的基石，智慧是品牌传播的灵魂，战略是品牌传播的导引。如果脱离了诚信的基础和传播的智慧，纯粹从技术层面上进行品牌战略的执行，是无法达到目的的，原因如表 2 所示：

表 2　　品牌传播失败的原因

关　系	说　明
传播角色的传统和创新	在传播领域，传统和创新的关系值得人们深入思考。不管是扮演传统者的角色，还是创新者的角色，都是动态性的、过渡性的，并不是一种永恒的状态。在这种背景下，珍视传统、持续创新应该成为品牌传播的重要原则之一
传播方式的固定和移动	移动传播环境并不是脱离固定传播环境而孤立存在的！固定传播环境和移动传播环境都是构成人类完整传播环境的重要组成部分，而越来越多的品牌传播也将在固定和移动的融合传播环境之下进行
传播状态的现实和虚拟	在海量移动自媒体渐成主要元素的传播时代，对于一些自媒体来说，其 50% 乃至更多的传播生命将寄托在虚拟的移动互联网上。如今，在传播领域，虚拟交往的比重正在逐渐提高，在品牌传播过程中，现实传播方式和虚拟传播方式正在共同构成更为真实的品牌传播环境

总之，在移动互联网环境下，品牌传播是无法脱离人的世界而单独存在的；而每个个体的传播世界，也无时无刻不经历着现实和虚拟之间的深度融合。在移动互联网时代，品牌传播不仅会在新的传播环境之下依托海量自媒体、智能传播环境，踏寻出一条前所未有的传播路径，还会收到与以往不同的传播效果。

社交网络的形成与社交式营销

> 社交网络的关系是复杂的、多样的、随机的，网络主体参与的行为和影响模式也是富于变化的。对于社交式营销来说，只有发展精准的网络群体、圈子和舆论形象评估指标，才能提升自身的价值。

随着新一代互联网应用 Web 2.0（新一代互联网应用）时代的到来，社交网络已经成为新一代互联网经济同传统社会密切结合的代表，比如，目前被大家所熟知的微博。那么，究竟什么是社交网络？社交网络是“网络+社交”的结合体，从本质上来说，是现实人类社交关系的一种复制。

社交网络同现实人类社交关系都是以“共同点”为基础的，并不断扩展，这也是他们二者之间的区别所在。其不同点就在于，社交网络提供了变革性的载体——互联网，让人类的社会关系和社交行为发生了巨大的变革。

1. 如何制定社交式营销策略

在制定社交式营销策略的时候，通常要遵守这样一些原则。

(1) 制定合理的社交式营销定位和营销战略

从战略上来说，作为社会关系中的一员，企业必须将社交式营销提升到企业战略的重要位置，不仅要重视企业社会关系在网络环境下的重要性和效果，还要合理评估自身业务市场同社交网络的融合程度，制定出适合企业发展的社交式营销定位和战略。需要解决的问题有：需要在何种程度上参与社交网络？社交式营销的现阶段目标是什么？效果评价标准是什么？如何发挥自身的优势和能力？

(2) 统观大局制定社交式营销策略

社交式营销不是一厢情愿地对互联网的应用，只有将社交网络看作是整体营销战略不可分割的一部分，才能制定出全面的策略。因此，不仅要同企业目前的架构、发展目标、业务线、品牌组合和资源能力结合起来，制定网络营销方向；还要同企业传统营销策略，如产品、定价、渠道、促销、客户关系等策略进行有机融合，如此才能充分发挥网络化营销的优势，形成一种强大的合力。

(3) 建立专业的社交式营销机制和团队

社交式营销不仅是一种姿态，企业还要用自己的能力和资源，积极主动地行动起来，并产生一定的影响。因此，在结合自身营销策略组合的基础上，要成立一个专门的社交式营销机制和团队，通过专业化的管理和集中性的行动模式，参与到社交关系网络的发展中。

(4) 建立多样化的营销效果评估指标

社交网络的关系是复杂的、多样的、随机的，网络主体参与的行为和影响模式也是富于变化的。因此，对于社交式营销来说，单纯的营销覆盖率、到达率、偏好度、品牌形象等已经不能全面涵盖网络群体的效果，只有发展精准的网络群体、圈子和舆论形象评估指标，完善社会化群体影响机制性质的标准，企业才能更好地在网络的海洋中不断提升自身的价值。

2. 采取什么方式进行网络营销

如今，网络营销正在如火如荼地进行。对于网络营销，很多企业都非常熟悉，比如博客、微博、社交网站 SNS、微信等工具的运用。其中，在社交网站、微信平台等出现的营销案例比较多，例如：人人网、开心网、新浪微博等上面的案例。因此，对于社交网络来说，对网站进行网络营销就显得尤为重要了。有时，还要根据社交网站本身的特点来制定特别的营销方案。那么，该采取什么方式进行网络营销呢？看了表 3，答案就可以揭晓了。

表 3　　网络营销的方式

方　式	说　明
利用软文对社交网站进行宣传和推广	软文营销是社交网站比较好的一种宣传方式。如今，社交网站还处于推广阶段，很多人对社交网站不是很熟悉，即使是行内人士了解社交网站也需要一段时间，因此在社交网站成立的前期阶段进行软文营销还是有必要的。而且，如今的社交网站还处于传播阶段，只有行内人士对社交网站进行了解和宣传，他们才会帮你推广你的社交网站的概念和模式，该平台才能显示出一定的生命力
进行病毒式营销树立口碑	如今，MSN（即时通讯软件）邀请和邮件邀请等营销方式已经被很多网站使用。很多人对这种营销方法都比较反感，但是从实际效果来看，邮件营销还是发挥了一定作用的。邮件邀请人一般都是朋友，在虚拟的网络里，第一能信任的就是朋友 一直以来，口碑都是网站营销的法宝，社交网站也不例外。但是，从目前来说，社交网站还没有可以用做口碑的材料，相关网站还需要借助口碑营销，因此找到值得进行口碑传播的材料是非常重要的

续 表

方 式	说 明
进行有创意内容的营销	不可否认，内容营销对其他网站来说还是很重要的，但是在社交网站上，最好不要使用。因为社交网站的内容都是会员自己产生、自己消费的，网站不会对内容进行编辑和整理，内容都是自然原生态出现的，没有营销的基础
充分利用话题营销	比如，“芙蓉姐姐”“90后贱女孩”等就是充分利用了事件营销。但是，社交网站虽然有产生事件的机会，但是并不适合用营销的方式进行传播。主要原因就在于，社交网站的核心是充分尊重会员，其平台是分享的、平等的、开放的，如果拿会员的事情来炒作，不仅会伤害了会员，还会让网站失去以会员为核心的形象
可以选择活动营销	活动是传统网站增加会员积极性的一种重要方式。比如，线下活动就是一种能快速提高知名度和口碑的主要宣传方式。对于社交网站来说，活动是最有效、最直接的宣传方式，只不过传播得速度慢、范围小

移动科技加速社交式营销的发展

移动科技正在飞速发展，其发展程度必然会加速社交式营销的发展！为了充分利用社交媒体来营销，企业就要改变思维定式。

如今，采用互联网营销战略的公司越来越多，品牌吸引网民眼球的竞争也更加激烈，它们都在寻求更多的网络宣传手段。“梦龙非常礼遇”活动就是一个鲜活的案例。

2009年3月底，和路雪与开心网合作进行了“梦龙非常礼遇”活动。此活动采用的方式是：在每根冰激凌木棒上都印有密码字串，输入字串，消费者就可以在开心网的“非常礼遇”游戏组件中实现各种特殊功能。资料显示，在活动期间，开心网上的日均浏览量达630万人次。

除了增加品牌认知度外，有些公司还利用在线社区来保留现有的客户。德国的汽车生产商宝马公司就是这样做的。

2009年8月，MINI汽车诞生50周年，宝马公司特意在开心网上举办了一系列品牌推广活动，举办了一场充满时尚气息的生日Party，成功征集了10多万粉丝。数据显示，活动当天宝马一共送出150份MINI车型礼物，收到400万份MINI粉丝的生日祝福，MINI粉丝增长到了70万。

目前，开心网在国内拥上千万用户，其活跃度高，营销价值高。而那些用户数量少、活跃度不高的社交网站，其营销效果虽然会受到很大局限。这就告诉我们，社交网站与传统的媒体营销、网络营销也是有共性的——用户的质量决定了营销效果！

社交媒体有着无穷大的潜力，为了制定有效的在线战略接近和吸引消费者，为了充分利用社交媒体来营销，企业就要改变思维定式。不仅要鼓励双方对话，鼓励消费者对品牌提供反馈，还要更深入地了解消费者对自己产品的反应。

资料显示，**2013年最重要的IT趋势是移动、云计算、社交技术和大数据等人们熟悉的趋势**。随着智能手机的不断普及，必然会衍生出很多新的社交网络，比如：微博、微信，这就进一步加速了信息的传递。在不远的将来，移动化、云化、社交化必然会成为一种发展趋势。

社交化和移动化发展如今，智能手机已经占据了全球一半的份额，并且依然在扩展中；平板电脑、智能手机也已经成为人们的必需品，如果在未来出现了 WiFi 的代替品，运营商也会考虑 WiFi 免费，移动互联网必然会成为一种发展新趋势。

信息社会化是一个网状的结构。在移动化的大背景下，信息传递更加快捷。以社交型的协同软件厂商微软、Salesforce（软件服务商）等为代表的国际知名厂商，理念日益更新。新的社交协同软件将 Twitter 进行了有效的整合，将 MSN、Skype（一种即时通讯软件）、Outlook（一种即时通讯软件）、QQ（一种即时通讯软件）、微博、微信等即时通讯软件融合在了一起，使社交化网络更加先进。

云化是建立在移动化和社交化基础上的，但云化有其自身的优势，比如：虚拟化、网络化和服务模式。虚拟化使存储的东西变得更多；网络化把机器整个链接在一起，可以更准确地概括信息；而服务模式则是按用多少付费，使用模式利用率为 60%。不用购买服务器，只要直接购买终端，输送至数据中心就可以了。

引爆关注点，才能引爆社交式营销潜能

网络营销的目的有很多，比如曝光新品、扩大产品知名度、提升销量、提高品牌美誉度等，不管你做什么网络营销项目，目的是什么，都要切记：第一要务永远是引爆关注！

网络营销有很多种定义，简而言之，就是以互联网为主要平台和手段

进行的营销活动。其首要任务是，利用互联网来达到营销目的。那么，究竟怎样才能实现这一目的呢？现在，就让我们先来看一下消费者是如何通过网络信息购买商品的。

如果消费者打算购买一款新上市的汽车，而且购买前的行为全部在网络中实现，大致要经历这样一个过程：首先，消费者被一款车的某一个特点吸引，而这个特点很可能是这款车与众不同的特点，比如外形、性能等。消费者之所以会关注到这款车是因为某天在一个汽车网站偶然看到了这款车的精美图片，喜欢上了其优美的外形。然后，他还通过网络了解了这款汽车的设计语言，发现它还是源自某位大师的经典作品。接着，消费者进入汽车论坛，或者微博等互动平台，发现很多人都在评论这款车，都说“这款车非常漂亮”“设计优雅，特别凸显自己的品位”等，他就更喜欢这款车了，恨不得马上去买。

但是，稍微冷静下来之后，消费者就会去看看车的价格怎么样、性价比高不高。结果，对比后发现，在同等价位下，自己是很难找到更漂亮、更符合自己口味的车了，于是就会在心中敲定要购买这款车。在没有全面看这款车的其他具体性能时，他也会直接去查4S店的电话，周末直接去店里看车。

现在，我们将这一过程，从网络营销者的角度来仔细审视一下：网络营销的第一步是要吸引到目标消费者的关注，然后消费者才会有看图片、去论坛看大家的讨论等后续行为。所以，吸引关注是网络营销的首要问题！

开展网络营销，吸引关注，永远是最根本的！网络营销一定要吸引到很多人的关注，也就是要“引爆关注”。如果无法引爆关注，消费者随后的所有行为都不可能出现，营销目的自然也无法实现。而且，为了“引爆关注”，并让消费者深深爱上你的品牌或产品，一定要为品牌或产品确定一个最核心的点！

网络营销的目的有很多，比如曝光新品、扩大产品知名度、提升销量、提高品牌美誉度等，不管你做网络营销的目的是什么，都要切记：第一要务永远是引爆关注！

1. 没有关注，就没有一切

没有关注，就没有一切！如果企业的产品或者品牌无法引起消费者的关注，后续的沟通、影响都是没有可能出现的。在工作中，如果要推一篇新品上市的文章，而且经过努力也成功地被推荐在了某个网站的一个重要位置，但当某位网友向下拉网页时，文章的推荐标题没能吸引到这位网友的关注，他也就不会点开，那么这次文章推荐对于这位网友来说，是没有起到任何营销效果的。

网友没有被文章的标题吸引，完全不知道你发布新品这回事；如果没有点开，怎么会了解到你的这款新品是什么、有什么好处？所以，要想做好网络营销，首先就要想尽所有办法引起大家的关注，要让大家为你停留，否则，一切都无从谈起；而且，做得越大，浪费的营销费用也越多。

2. 简单的道理经常被忽略

在实际的网络营销工作中，企业都背负着巨大的工作压力，很容易被“扩大产品知名度、提升销量、提高品牌美誉度”等这些最终的目的所牵绊。发布新品上市稿的根本目的一般都是“曝光新品”，所以只是简单地为了曝光新品，就将精力花费在上大网站、上重点位置上，未必能达到目的；如果只给了媒体一篇平淡无奇的上市稿，为文章起了一个“某某新品发布”类似的标题，效果可想而知。如果不是新品本身就备受关注，是很难有网友点开的。你发布新品，和我有什么关系？天天发布的新品多了去了，我凭什么要去关注、去了解？所以，即使文章被推在重点位置，很多网友都会上这个网站，但每个人都是一扫而过，所有的努力也都白费！

3. 引爆关注与真正目的结合才最棒

做网络营销的根本目的不仅仅是引爆关注，没有达成根本目的也不行。所以，最好的做法就是，企业做出的营销动作既能引爆关注，又能实现营销的根本目的，两者结合才最棒。

如果公司发布了一款新型数码相机，它有一个很重要的功能——可以百张连拍。这时候，就可以把百张连拍这个点抓出来，文章的标题可以写成“可百张连拍的相机”，如此，自然会引发人们的关注。

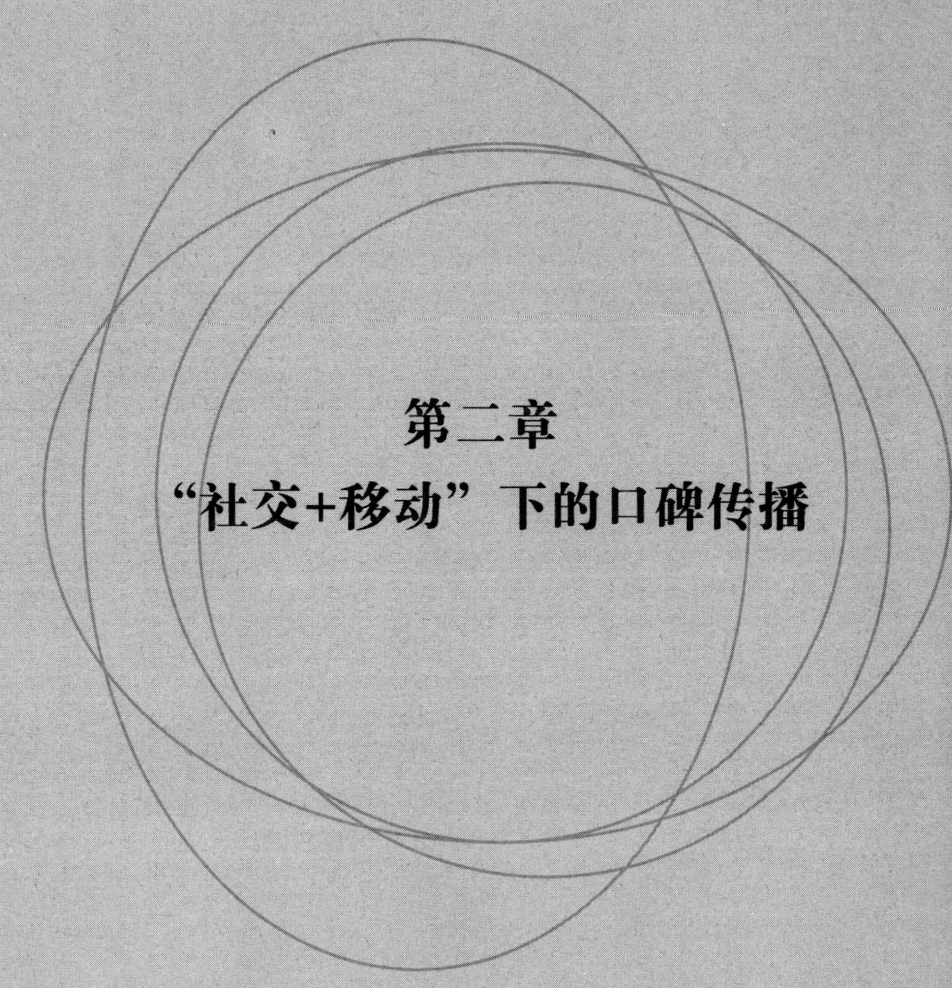

第二章
“社交+移动”下的口碑传播

“社交+移动”，不仅仅只是渠道

> 移动营销可以随时随地参与的特性，以及串联“知晓—互动—购买”的整条营销，巧妙地利用了各个阶段的功能，已经从过去的“新媒体渠道”晋升为“整合营销平台”。

移动互联网时代，信息流动速度更快，品牌触达消费者的碎片时间更多，UGC（用户生成内容）更容易在社交平台上被创造，社交口碑能更能够帮助品牌触达更多的消费者。因此，让移动成为营销的核心，而不是单纯的渠道，品牌必然会获得更大的营销回报。

西方人在吃饭之前都会祷告，而中国人在吃饭之前则会拍照。在智能化的大潮下，很多人已经离不开移动终端——智能手机首当其冲，平板紧随其后。调查显示，早在2013年1月，中国就已经超越美国，成为全球最大的智能移动设备市场。2013年11月，艾媒咨询发布的《2013中国移动互联网发展报告》再次刷新纪录，4.5亿的中国智能手机用户数，夯实了“手机是第一上网终端”的地位。

中国消费者在移动终端上“折腾”什么？就在你阅读这段文字的时间里，由智能手机用户创造的“中国纪录”很可能已经被刷新，看看下面的数据：

平均6分钟看一次屏幕；

每天花22%的时间在智能手机上；

38%的人每天使用智能手机超过5小时，71%的人每天通过智能手机上网4次以上；

73%的人使用手机闹铃迎接新一天，95%的人先玩手机后入睡；

85%的人在公共交通上使用智能手机。

92%的人上厕所时使用智能手机。每天，有1000人借助智能手机甜蜜牵手；同时，66%的人使用智能手机宣布分手。

95%的人使用智能手机访问社交网络，50%的人每天至少访问1次。

90%的人使用智能手机观看视频，24%的人每天至少观看1次在线视频。

69%的人使用智能手机购买过产品（服务）。

社交平台就是他们的创作热土！数据显示，**2013年10月，人人网3.2亿用户仅在移动端创造的UGC（用户生成内容）达4.4亿条。**但这显然不是全部！

1. 三足鼎立的中国社交版图

在我国社交平台相似的外表下，微博、微信、人人三足鼎立，勾勒出了一张中国社交版图。

（1）微博

谁的手机上没装过微博？从诞生的那一天开始，微博就凭借着媒体基因引领风骚。它向人们提供了更快也更多的信息，在微博上，每个人都有发言权。

微博的传播更偏向单向流动：信息节点一般都被拥有众多粉丝的微博用户“大V”所把持，如果不经“大V”转发，普通人的声音是很难传播开来的；微博将评论和转发分开，更加剧了这一趋势。因此，在微信大热的2013年，“庭审”“大概8点20分发”“离婚”“头条”等这些由名人、明星把持的话题，让微博重新刺激了社交网民的眼球和神经，证明了平台的媒体活力。

（2）微信

微信鼓励用户创造信息，而且更加私密化，这样的信息可以在某个特定的社交圈内迅速流传，但80%都无法突破封锁传播到外部去。于是，腾讯推出了公众账号，并进一步拆分为订阅号和服务号。

从通信工具到社交标配，从心灵鸡汤刷屏基地到自媒体集散地，从服务型营销洼地到互联网金融平台，再到“你如何使用微信，微信对你来说意味着什么”，微信简直就是含着移动汤匙出生的。今天，微信还推出了网页版客户端，不仅可以聊天，还能传送文件。

（3）人人

一直以来，人人网都以实名制占据着中国社交版图的一席之地。从2013年秋季开始，人人网猛打年轻牌。

> 2013年10月，中国国际广告节，人人网运用AR（增强现实）技术成功实现了“人人跃上大屏幕”的娱乐和体育互动创意，新添了客户端“发现群”“创建群”的新功能，兴趣广泛的用户可以轻松找到附近的好友。
>
> 11月，金投赏国际创意节，“人人快闪”“人人姿态”“人人斗秀”等活动展现出了人人用户活力、多样、有才的年轻魅力，连同“不停摆”“不设限”“不留白”的年轻体文案尽展年轻光芒。
>
> 12月，“懂你的人在人人”的广告，高调地在电视台、电影院、

视频网站、户外、楼宇、平面及社交网络等现身，宣告“懂你的人在人人，人人最懂年轻人”。

随之问世的“新版人人手机客户端”，强化了手机聊天功能，满足了年轻用户随时随地旺盛的聊天欲望，群聊、语音聊、图片聊、PC + Mob（个人电脑 + 移动端）互通聊，还可以和所在地附近的人群一起聊。

社交平台深入洞察并满足了用户的真实需求，希望真正吸引并留住他们。相信社交营销价值的企业，注定要与平台共进退！

2. 让移动成为社交式营销的核心

移动终端是各类媒体的流转途径，是 UGC 的起点和传播站，是线上和线下的枢纽，更是消费者购买决策分析的要塞。社交平台天然的 UGC 创造环境与分享行为，结合移动互联网随时随地收发参与的特性，成为新时代的营销沃土。

借助社交移动终端，品牌与消费者之间有了更广阔的传播场景与更个性化的沟通语境。即使如此，众多广告主在移动营销上预算的倾斜度，依然远低于他们对移动营销创新的重视度。如今，移动终端已不再被单纯地视为一个渠道，而是整体营销策略的发起点与核心。

移动营销可以随时随地参与的特性，以及串联“知晓—互动—购买”的整条营销，巧妙地利用起了各个阶段的功能，移动营销已经从过去的“新媒体渠道”晋升为“整合营销平台”。媒体策略代理商的最新营销模型，已经把移动设备放在整体规划的中心，电视、平面、互联网、广播、户外、店内、家中、交通运输等渠道依赖其强大的营销引力联动着。

150 万人人网手机用户利用 LBS（基于位置服务）报到服务，在情人节当天与爱侣共享了 4.6 万杯可以书写爱语的伊利大果粒情人装。

60 多万人人网用户拿起手机，帮电脑屏幕里的女孩 Annie 飞起来。

跨屏互动技术让4000多位有真实消费意愿的人人网用户在社交平台试驾宝马新款SUV车型X1后真的走进4S门店。

需要注意的是，不同移动设备的价值是不同的！平板电脑在品牌曝光与最后实际购买的地位远高于智能手机，但智能手机在UGC的创造与传播效果上则要优于平板电脑。我们相信，根据营销目标，在恰当的移动设备上展开更适配的创意，效果自然会更加出众！

口碑营销——社交式营销的本质

> 由社交网络发起的营销，可以更加精准地定位用户。基于好友之间的多向互动和信任推荐，可以帮助企业实现信息分享的最大化，可以让社会化关系链传播得到最广泛的效果，继而进一步放大营销收益。

随着Web 2.0时代的来临，社交网络的传播力量开始凸显，李开复发个图片，姚晨打个哈欠，都能引来上万网友的评论与转发，社交网络蕴含的实力不可小觑，且大有超越传统媒体的趋势！

资料显示，截至2011年6月，中国网民规模达到4.85亿；微博用户数则从6311万，快速增长到1.95亿，增幅高达208%，使用率从13.8%提升到40.2%。其中，超过50%的用户经常会登录微博和SNS网站，并且每人每天至少登录SNS网站1~2次。这样的数据对于社交营销来说，无疑是令人振奋的。如此快速的增长速度和如此巨大的增长幅度，也告诉我们：社交营销已经开始取代传统网络营销，逐渐登上了互联网舞台。

其实，社交媒体之所以受到如此追捧，与其独特的互动性和以社区为主的平台性有着密切的关系。网民可以通过这个平台建立关系，就喜欢的内容进行交流与探讨；商家则可以通过这样一个开放性的社交平台，进行品牌的推广与产品的营销。

在美国，Facebook、Twitter、YouTube 等网站已经在社交媒体上尝试运用多种方式进行社交营销，比如亚马逊和 Etsy 等零售商，已经通过 Facebook 平台营销他们的圣诞节礼物；ChrisTeso（网站）推出的 SellSimply（一种电子商务平台）用户则可以直接在 Twitter（一种通信平台）上完成交易；YouTube 也已经开发出了“点击即可购买”（Clicktobuy）的模式等。

由社交网络发起的营销，可以更加精准地定位用户，这也是它的最大特点。基于好友之间的多向互动和信任推荐，可以帮助企业实现信息分享的最大化，可以让社会化关系链传播得到最广泛的效果，继而进一步放大营销收益。

当今，虽然社交营销十分火热，但是对于这块新兴的营销市场来说，还没有出现蜂拥现象。如今，天下秀作为国内最大的社交式营销平台，已经走在了社交式营销平台的前列，并且已经成功地为众多知名企业提供了一站式社交营销服务。

> 据了解，天下秀社交营销平台，目前主要是通过社交媒体营销、社交活动营销等来帮助企业品牌迅速提升、推广产品的。其中，社交媒体营销主要是以微博作为营销平台，微博平台能够向目标用户群体传播企业和产品的信息，有助于树立良好的企业形象和产品形象。

根据企业的营销需求，提供多种管理应用工具的一站式服务，充分体现了天下秀社交营销平台按需定制的人性化服务。

1. 口碑传播

从本质上来讲，社交媒体营销就是一种最古老、最强大的营销方式——口碑营销的加强版。

社交媒体营销人员利用的是每一个人的信誉，刺激人们把产品的信息口口相传。他们觉得，对产品的溢美之词通过朋友那里得来会更加可信，即使是来自一个素未谋面的 Facebook 好友，也比从电视广告里听到的强很多。

> 福特的广告代理底特律团队副总 ScottGoebel 说，让用户分享福特 Fusion 发布前的内容是关键所在，也是基于上述的原因。Goebel 表示：“我们可能很希望某个内容有个 10 万次的观看次数，但另外我们关注的比例是有多少人分享了这个内容。分享意味着用他们的声音来传递我们的故事，这对一个品牌的作用非常强大。”

这种口口相传的战略尤其适合于汽车营销。汽车是开互联网销售先河的少数几种产品之一，如今网络购买依然长盛不衰。另外，汽车购买者受口碑的影响非常大。一直以来，汽车销售都非常依赖社交媒体，在社交媒体尚未出现之前便是如此——依赖口碑。

但是和口碑一样，社交媒体的效果是难以预测的。有一种趋势是测量那些看得见的东西，比如发的消息、Facebook 粉丝等，但这些仅仅展现了最浅显的、表面的东西。真正重要的东西通常都掩盖在表面下，从社交媒体得来的许多效应都是很难度量的。

营销人员虽然也可以得到 Facebook 观众的一些数据和参与程度，但仅限于他们自己的页面。所以，福特能够了解到自己的 Facebook 粉丝，但是丰田的、雪佛兰的、现代的数据就不知道了。汽车行业营销人员通常使用的几种指标有：购买原因、价格、装备水平、交叉购物等。可是，利用社交媒体这种模糊的数据，这些指标是很难形成的。

2. 互动性

与社交媒体营销不同，社交活动营销更加看重互动性。这一社交营销方式，主要是通过社交网络和技术的集成，鼓励那些拥有社交关系的用户参与互动活动，以创造性的方式贡献和分享内容，聚合目标群体、提升企业品牌追随者、提升转换率。

正所谓“独乐乐不如众乐乐”，众乐活动营销可以针对企业的活动营销诉求，通过丰富的活动模块及活动工具，组织用户进行具有互动性的社交互动，促使用户通过自身的社交关系将活动呈几何级扩散，以便达到企业的营销的目的。

过去那种以媒体为中心的点对面进行的传播，属于扁平的线性媒体传播；而基于 Web2.0 的点对点传播，则是以人为中心的，每个人既是信息的接收者，也是信息的发送者和传播者，属于网状的人际互动传播。伴随着信息传播方式的改变，营销模式也在随之改变。“众乐活动营销”的推出，不仅有利于从社会化分享角度抓住社会化营销的核心，还能充分挖掘人际关系层面上的互动潜力，增强用户的黏性和话题炒作。

> 中粮集团所采用的社会化游戏营销策略，就属于典型的“众乐活动营销”，参与用户多达 470 万。这一数字再一次印证了众乐营销的可行性，也印证了社交网络的巨大营销潜力与价值！

其实，社交营销可供研究与探讨的内容还有很多。无论是企业还是营销平台，只有结合新的发展趋势，不断推陈出新，才能真正挖掘出社交网络的潜力，为企业创造出最大价值。

没人再对“自话自说”的企业感兴趣

> 对于已经使用电子商务的企业来说，要想在移动互联网时代获得胜利，就要保护好自己的“粉丝”，即使你只是一个草根，只要你拥有巨量的“粉丝”，也可以拥有强大的影响力，挖掘到黄金。

对于传统产业的媒体岗位来说，过去的主要任务是维护与传统媒体的关系，依靠传统媒体的通道来发布信息。企业或组织的内部报纸或杂志，基本上都是自话自说，互不相干。可是，在一夜之间，传统产业的媒体工作人员突然发现，自己手上多了一件“活儿”，而这个自媒体的活儿还不是那么好干。原因很简单：一是工作任务明显增加；二是工作要求明显提高。

传统产业的自媒体不是内部报纸或杂志在自媒体端的重复发布，因为这样的信息用户现在不买账了。传统产业的老板大多数已经深刻感受到了移动互联网带来的变化，对企业自媒体的重视程度也迅速提升。但是，如何做好一个传统产业的自媒体，却是是个实实在在的新课题。

互联网时代已经到来，为了能够跟随它的脚步，很多企业都走上了电子商务之路。可是，随着人们对个性化和现代化的追求，移动互联网的到来不仅为生活提供了方便，还使得人们更倾向于“以我为中心”的表达方式，在各种移动平台上表达自己。不可否认，移动互联网时代的到来也促进了人与人之间关系的变化，双向互动的势力越来越不可抵挡。

对于已经使用电子商务的企业来说，要想在移动互联网时代获得胜利，就要在这场战争中保护好自己的“粉丝”，即使你只是一个草根，只要你拥有巨量的“粉丝”，也可以拥有强大的影响力，挖掘到黄金。

1. 不要小看“粉丝”

首先，这里所谓的“粉丝”是需要时刻珍惜的目标消费群体，特指那些狂热的追捧者。他们都是“因为喜欢，所以喜欢”，在他们看来，喜欢一样东西并不需要任何理由。他们一旦注入了感情，即使再有缺陷的产品也会被他们所接受的。

对于企业网站来说，那些能够每天花时间去浏览你的网站的，不管他在你的网站上有没有购买产品，有没有发表意见，只要曾经留下脚印，那他就是你的“粉丝”。企业要抓住这些“粉丝”，因为他们就是你的目标消费者。

2. 掌握了“粉丝”就能挖到金矿

2013 年，小米用半年的时间就创造出了 2012 年全年的业绩——共售出 703 万台手机，仅上半年营收就超过 2012 年的 126 亿元，达到 132.7 亿元人民币。而“为发烧而生”的品牌诉求，更是把小米手机卖“粉丝”的本质暴露无遗。连小米的首席产品经理自己都说，小米的成功秘诀之一就是“粉丝经济”。

什么是“粉丝经济”，意思就是粉丝不仅是产品的消费者，还是下一个新产品的制造者。苹果之所以长盛不衰，主要原因就在于乔布斯在世时培养了一大批忠实的粉丝，以至于 iPhone 的 4S 成为了“果粉”们对乔布斯最好的纪念，也成为苹果最热销的产品。

3. 获取巨量“粉丝”的秘诀

天下没有免费的午餐，要想获得巨量的“粉丝”，必须懂得如何去“养粉丝”，也就是说，要经常和“粉丝”互动。“粉丝”也是人，他需要互动，需要交流；如果做不到这一点，对方就会离你而去。

移动互联网时代，“粉丝”的“关注”意味着兴趣和潜在购买的行为，而他们的“取消关注”就说明他们的需求也在转移，企业只有经营好、养好自己的“粉丝”，才能逐渐扩大经济效益。移动互联网的到来已经让大家进入了跟随和转发的世界，这个世界不再需要“自说自话”，而需要双向互动，参与和体验才是移动互联网的本质！

消费者变成企业营销的参与者

> O2O（线上线下电子商务）企业的核心就在于，通过互联网和移动互联网吸引潜在客流，增加更多的客户群体。通过线上宣传推广，线下交流体验，促成最终的交易，对于传统企业来说，这样做自然会受到“上帝”的青睐。

在充满权谋术的社会中，可以看到各种各样的手段：工作上的手段、人际关系上的手段等，有些甚至为了获得爱情，也会使用一些手段。可是，使用这些手段虽然可以让你收获一时的成效，但是绝不可能长期奏效。因而，要想牢牢抓住消费者，就要具备诚信的品质，真诚面对别人，将消费者当朋友，将消费者变成营销的参与者，不玩权术，不欺骗消费者。

美国老牌咖啡连锁企业星巴克，早在2011年就发布了移动支付客户端。身为世界最大的咖啡品牌连锁企业，星巴克借助互联网特别是移动互联网的营销行为，不仅巩固了其龙头老大的江湖地位，还大幅提升了营收。数据显示，仅在发布移动支付客户端当年，O2O就实现了2600万美元的移动支付交易额；到2013年12月止，700多万的用户使用了移动支付APP。

星巴克的O2O模式被网友誉为“线上的卡布奇诺”，其成功让无数服务型企业艳羡。其实，这种成功的精髓完全可以归纳为服务型企业的O2O移动营销共性——利用内容营销的手段吸引潜在客流，与之建立“朋友”关系，借助客户可对企业服务质量“指指点点”的功能体系，培植老客户和挖掘新客户。

星巴克很好地利用了这种精髓，它通过移动互联网入口，进行品牌推广宣传，提供了多元化产品信息浏览，推送了即时优惠资讯，缩短了潜在顾客对产品的认知过程。顾客在移动客户端就可以了解产品，到线下的星巴克就可以进行消费；如果对服务质量和咖啡浓度不满，在线上付款点评时，可以提出个人意见，给出对应的满意度。

面对移动互联网消费行为的冲击，O2O模式不仅帮助星巴克避免了顾客流失，还实现了交易额的增收，国内的传统企业完全可以借鉴星巴克的经验，为我所用。

按照美国推销大师吉拉德的“250定律”统计：任何一个人都有250个朋友，得罪了他，就得罪了他的250个朋友；250个朋友中每人还有250个朋友，如此算下去，你得罪的人数会让你感到恐惧，损失更是无法估量的。

试想一下，为什么你喜欢某些人，而不喜欢另一些人？同理，为什么你喜欢向另一些人买东西，不喜欢向某些人买东西？要想提高营业额，就要做顾客的朋友，变成他可以信任的好朋友。

对于销售员来讲，顾客就是上帝，顾客有权拒绝。可是，如果销售员带着一个实实在在的产品，进行多次真诚的拜访，最终也是能赢得顾客信赖的。推销的时候，说谎、故弄玄虚、诽谤贬低其他公司，不仅不能得到顾客的信赖，还会遭遇顾客的轻蔑与训斥。

作为服务的提供者，线下才是O2O最重要的基础。O2O企业的核心就在于，通过互联网和移动互联网吸引潜在客流，增加更多的客户群体。这也是O2O的关键！通过线上宣传推广，线下交流体验，促成最终的交易，对于传统企业来说，这样做自然会受到“上帝”的青睐。

1. 与客户做朋友

盯着互联网消费这块大蛋糕，国内传统企业早已摩拳擦掌了，可是由于不能与B2B（企业对企业之间的营销关系）、B2C（商对客电子商务模式）模式完美兼容，很多企业只能仰天长叹。O2O模式风靡后，各行业在黑暗中都看见了曙光，看到星巴克的成功案例，更是助长了国内各行业的信心。但是，对于对O2O模式一无所知的企业来说，应该如何经营自己的企业呢？

传统企业要想成功地运营自己的O2O平台，首先，得给自己做出精准的市场定位，是高大上，还是俯身平民化？其次，要依靠优质内容资源挖掘潜在客户，吸引客流；最后，通过线上预定或支付、线下消费服务体验的形式，与客户建立起朋友关系，培养客户的黏度和积极性。

同时，需要注意的是，消费完毕并不代表着交易的终结，可以让客户在线上对服务质量、商品质量、定价认可度等进行点评，并鼓励客户提出改善建议。当客户对企业的服务质量“指指点点”之后，消费过程就会演变成一个社交过程，客户就会变成朋友，O2O模式的成功之门也就自然打开了。

2. 与最优合作伙伴做朋友

如何开发手机APP？如果企业没有任何专业技术，如何才能开发出浏览界面流畅、模块功能强大、数据统计精细、管理过程简易化的手机APP？没有手机APP，又谈何O2O？为此，就要与最佳的合作伙伴做朋友。

当微信开放交易支付端口后，将移动营销推上了新的高潮，企业开发手机APP已成大势所趋，只有顺流而上企业才能在严峻的市场竞争中守住阵地。成熟的O2O营运模式和与微信互融互通的空前优势相结合，可以帮助企业制定营销策略，通过微信引流、APP营造宣传攻势等一系列营销手段，可以实现最终的营销目的。

对于传统企业来说，O2O模式非常重要。企业一旦与客户做了朋友，与最优合作伙伴做了朋友，客流问题、技术难关问题也就容易解决了！

口碑营销首先是主动满足客户需求

> 移动互联网是现实社会和虚拟社会的进一步交融，之所以受到人们的喜爱，是因为它具有移动性，可以随时随地上网，具有“个人”特征。因此把握“人性”的本质需求对满足客户需求具有重要意义，也是商业模式创新的源泉。

任何一种产品，都需要庞大的客户群体作为基础，脱离了客户群体，一切都是浮云。

2012年，我国移动互联网市场规模达到737.7亿元，较上年增长了

137%。随着移动互联网与吃、穿、住、行、用以及娱乐的结合，移动互联网市场的潜力逐渐被挖掘出来。企业要想立足市场、赢得客户，最关键的就是要洞察客户的核心需求，这也是产品创新、商业模式成功的关键。

现代管理学泰斗彼得·德鲁克认为，企业的核心职能是“创造客户、创造需求”。客户核心需求是人们为提高工作生活品质而必需的需求，其本质是“价值”，即人们自愿付出代价以获取的个性化效用。通俗地说，就是“对我有没有用，付出的代价值不值”。

移动互联网的本质是互联网借助移动方式向人们工作、生活的全方位渗透，是现实社会和虚拟社会的进一步交融。移动互联网具有移动性，可以随时随地上网，且具有“个人”特征，因此把握“人性”的本质需求对满足客户需求、提升客户体验具有重要意义，也是商业模式创新的源泉。

根据马斯洛需求层次理论，结合移动互联网的特点以及客户多元化需求，当前移动互联网客户的核心需求可以概括为：沟通需求、安全需求、信息需求、方便需求、社交需求、交易需求、娱乐需求等。创造需求和满足需求已经成为推动移动互联网发展的内在动力！

未来，移动互联网应用创新只有立足于围绕解决客户生活、学习工作中的沟通、社交、分享、阅读、娱乐、消费等需求，采用“SoLoMo（社交化、本地化、移动化）+电子商务+云服务”等重要表现形式，才能实现长足的发展。客户的核心需求一般都是是潜在的、隐形的、动态的，概括起来共有5类：客户无法清晰表达的需求；客户有但却没有被发现的需求；竞争对手尚未发现的需求；随着人们生活水平提高及技术突破产生的、尚未被发现的需求；尚未被行业实现的需求。

发现并满足移动互联网用户的核心需求是企业成功的原动力！事实证明，把握客户潜在需求和“人性”的真实需求并且想方设法予以满足，是商业模式成功的重要原因。

Facebook，满足互联网用户社交需求，为互联网用户提供社交平台；

Zynga（一家社交游戏公司），基于Facebook为互联网用户提供社交游戏平台，满足了客户的社交需求和娱乐需求；

街旁网，为客户提供LBS（位置服务）“签到”的移动社交网站，满足了客户的移动社交需求；

优酷土豆，满足了广大用户的娱乐需求，成为中国第一大网络视频企业；

快的打车等打车软件深受用户欢迎，正是满足了客户方便出行的需求；

微信，满足了人们随时随地社交的需求；

……

互联网企业的成功，充分说明了善于把握客户核心需求的重要价值！

发现、挖掘、满足移动互联网客户核心需求不是一件容易的事情，但也并非遥不可及。当前，移动互联网领域已经成为创业的热土，如果只是对国外的产品和商业模式进行照搬，对客户的潜在需求、隐形需求和核心需求不够关注，只关注竞争对手，对企业的发展来说是非常不利的！对于企业来说，要想取得成功，就要关注客户的“杀手级”隐性需求，这是创新的开始，也是实现与众不同的关键所在！

近几年，社交网络、移动互联网、电子商务等领域的新产品、新趋势层出不穷。现在，一谈到移动互联网商业模式，很多管理者看中的都是如何扩大用户规模、如何赢利、如何赚钱，往往忽视了成功商业模式最重要的方面：怎样精准确定目标市场，怎样洞察、满足客户的隐性需求……结果业务发展出现了恶性循环，被用户所抛弃。

如何来把握客户的核心需求呢？关键要做到三点：

第一，充分利用互联网新媒体等手段，加强与客户的互动，及时了解客户的需求和反馈意见；

第二，充分利用移动互联网企业掌握的大数据，利用大数据分析工具，深入挖掘客户消费需求和消费特征；

第三，从客户中来，到客户中去，善于观察，提高对客户需求的洞察力。

情感营销传递的是一种内在体验

如今，整个世界都碎片化了：用户碎片化了，行业碎片化了，时间碎片化了，渠道碎片化了。不断碎片化的崛起，会让企业逐渐丧失收购的能力，企业要珍惜留存的每一个用户。

近几年，百度在自媒体平台的营销取得了斐然的战绩，微博、微信等营销手段的运用更加游刃有余。这就再一次告诉我们，在移动互联网时代，情感营销与其他营销方式相比可以收获更佳的营销效果！

过去产品都是没有情感的，营销几乎都是传播式的广告营销。在如今的移动互联网时代，也就是社交时代，营销开始有情感了，这就是所谓的粉丝营销。如今，如果不做粉丝营销只做广告，在手机领域已经是一个异类了，而手机则是真正的移动互联网入口，在这个领域出现的变化，值得我们关注。

在工业化时代，产品就是产品，广告就是广告，是没有情感的。可是随着传播渠道的碎片化，央视影响力的下降，对于 B2C 来说，新客户几乎都是赔钱的，只有依靠新客户之后的消费，才能赚回成本。

以前销售靠低价格吸引客户，而目前低价吸引的效果已经越来越差，服务的价值越来越高。这也是京东能够迅速崛起的一个重要原因！因为服务可以给用户带来更好的体验，而更好的体验则会建立情感；有了情感的维系，就会减少客户流失，增加信任。

在过去，如果购买的产品质量不好，用户一般都会很生气；如今，如果产品质量不好，返修多次之后，粉丝依旧会乐此不疲地购买，然后推荐全家购买。这些都体现了情感营销的重要性。

情感营销有几个特征：

第一，个性化不可复制，你不可能对不同的人有同样的情感；

第二，情感是需要慢慢建立的，没有那么多一见钟情；

第三，情感维护是要用心的，否则很容易粉转黑。

所以，急功近利做粉丝肯定是做不成的。而对于营销来说，做好产品就是对粉丝最大的负责，也是最大的贡献，所以慢慢完善产品往往会拥有更多真实的粉丝。

汉堡王曾经做了一个粉丝试验，凡是取消关注汉堡王的粉丝，将会获得一个麦当劳的汉堡。结果，他们的粉丝从 3.8 万人减少到了 8000 人，而互动率却提升了 5 倍多，剩下的全都是忠诚的粉丝。汉堡王要做的就是维护好这 8000 人，因为他们是真正的粉丝，不管给不给他们好处，他们都会帮忙宣传和带来更多的新用户。在新时代，我们需要的就是找到这 8000 人，甚至 1000 人，哪怕 100 人！

互联网时代，是量的时代；移动互联网时代，是效率的时代。如今，整个世界都碎片化了：用户碎片化了，行业碎片化了，时间碎片化了，渠道碎片化了。不断碎片化的崛起，会让企业逐渐丧失收购的能力，企业要珍惜留存的每一个用户。

在移动互联网快速崛起的今天，移动互联网产品想要脱颖而出，不是要拿出一部分资源去尝试营销，而是要将营销作为主体去做，本着创新制胜的发展原则，更加侧重用户的喜好与情感需求。

随着移动互联网的发展，智能手机和移动互联网技术的飞速发展带来的变化是全方位的，无论是人们的生活方式，还是消费习惯，都发生了革命性的变化。年轻人无法经常回家与父母对子女的依赖性越来越强形成了鲜明的对比，手机百度适时推出了母亲节活动，其实用性也在此体现出来了。

为了探索用户心理需求，借势母亲节，手机百度曾经推出过一款唤起用户情感共鸣的“妈妈我想多陪陪你”的活动。活动一开始，便吸引了大量网友参与，未来可以陪伴父母的理性数据让更多年轻人看清了现实，在微博上掀起了关于“选择安逸还是坚持奋斗”的话题，网友参与讨论的热度居高不下。

手机百度借助“母亲节”倡导子女教母亲学习并掌握手机百度的技能，例如，用手机百度APP进行搜索、购物、缴费、查路线、看新闻、搜视频等。生活中可能遇到的小问题，都可以用手机APP轻松解决。另外，手机百度首页还可直接添加实时热点新闻、万年历、城市天气、体育赛事、影视追踪、股票等各种类型的卡片，无须下载，添加即可。

手机百度母亲节活动，不仅倡导亲情，还提升了用户对产品的好感度，有效提高了用户对手机百度的下载及用户体验，一举两得。由此也可以看出，把感情植入营销的方法，更能引起消费者的关注及参与。

让每一个消费者都成为当事人

> 体验是消费者直接参与企业营销活动而产生的切身感受，参与是体验的前提。体验营销为消费者提供了参与产品和服务设计的机会，甚至可以参加产品的生产过程。

随着移动互联网的快速发展，消费者的心理需求和行为结构发生了很大变化，曾经一条广告“包打天下”的时代一去不返，体验和感知成为市场的关键因素。所谓体验式营销就是站在消费者的感官、情感、心理、行动、关联5个角度上思考问题的一种营销方式。通俗地讲，体验式营销就是通过直观地亲身体验，让每一个消费者都成为当事人，将产品和服务所带来的美好感觉、优点带给客户，从而激发购买的需求。

体验式营销具有“以客户为中心”的特点，移动互联网有着“以客户为主导”的特征，体验式营销被企业广泛使用。作为一种新营销方式，体验式营销是市场竞争发展到高级阶段的必然选择，对提升企业营销竞争力具有重要意义。

1. 体验式营销的特点

一般来讲，体验式营销主要呈现以下几个特点。

（1）重视满足客户的体验需求

与传统营销不同，体验式营销强调的是以客户需求为中心，注重客户的亲身体验。但这种体验不是简单完成的，而是通过销售过程中的互动进行的。这种双向互动可以克服传统营销的劣势，在企业与客户之间形成需求交流，使客户获得前所未有的体验感知和心理满足。

客户逛商场时的试穿、购车时的试驾、购房时参观样板间，不仅可以满足客户的体验需求，还可以带来精神上的愉悦和欢快。比如，英特尔和东芝联合推出的互动电影《Inside》，类似逃离密室游戏，观众只要通过网站提供的线索或建议就可以进行参与。这种创新设计，将观众看电影时的参与欲望调动了起来。

（2）突出产品的体验导向和个性化

如今，互联网移动化趋势越来越明显，消费者开始从被动走向主动，并乐于接受“先试后买”的做法。因此，在体验营销中，产品往往以体验为导向进行设计、制作和销售，并以客户的体验需求为支点，尽可能地提供丰富的产品种类或个性化服务。

比如，苹果公司的成功更多是来自 iPod、iPhone、iPad 等产品的体验升级和不断研发；腾讯游戏的系列新体验活动的成功推广就是以发放 Q 币、道具、特权等带有强烈体验诱惑力的产品为前提的。

（3）以客户需求为导向，通过互动体验引导消费

体验式营销就是要实现满足客户需求与销售目标的最佳状态。为此，在营销过程中，企业会依据客户表达的需求信息为导向进行互动，从中把握客户的兴趣点，鼓励客户根据自身需求和喜好，选择适合自己的业务。对于互动过程中的关键环节点，企业要站在客户心理需求的角度进行优化。比如，宜家家居从顾客进门开始就为顾客配发产品目录、尺子、铅笔、纸张等物品，引导客户动手体验和消费。

（4）体验模型设计影响营销效果

体验模型是体验式营销的关键所在，为了满足客户个性化的体验需求，企业会通过体验模型设计，把一系列具有客户感知的因素组合成可预先独立存在的模块，充分提高其在体验方面的价值作用。比如，消费环境、接触点、体验流程、产品、活动等模型设计。随着移动互联网的发展，企业会通过阅读、视频、音频、在线演示、电话互动等方式，给客户带来感官、情感、思考等方面的深刻体验，收到良好的营销效果。

2. 体验式营销模式的实施策略

移动互联网技术的不断演进和发展为体验式营销开辟了更广阔的天地。如果说移动互联网助推了体验式营销，那么好的实施策略则是体验式营销成功的关键。如何实施体验式营销模式呢？

（1）设计明确的体验主题

体验主题是把体验活动概念化，可以让消费者快速有效地理解和记忆体验活动。设计体验主题的时候，必须是体验活动价值的高度概括，同时是零售店整体形象和品牌的反映。体验主题一旦设立，体验环境与体验活动都必须围绕主题来展开。

“视明润洁——眼大夫”的“免费试用＋天天促销”活动，受到了老年人及其定位人群的欢迎。免费体验“视明润洁——眼大夫”眼康眼液，对各种眼疾确实能起到辅助治疗和康复保健作用，这就为体验营销模式的关键环节“谈体验”奠定了一定的基础，让很多中老年人及其定位人群“心服口服”。

（2）塑造更加人性化的经营理念

要想贯彻现代市场营销观念，企业必须树立以“消费者需求为中心”的经营理念，这也是企业能否取得成功的关键因素！在体验经济时代，顾客的需求向高端转移，仅仅被动地接受供方提供的产品和服务已不可能满足其需求，他们会需要对产品的设计提出很多要求。因此，在产品整体概念中所包含的心理属性因素就显得越来越重要。

企业在产品开发过程中，必须重视产品的品位、形象、个性、情调、感性、文化等方面的塑造，营造出与目标顾客心理相一致的产品属性。仅仅展开“体验”理念是不够的，关键是要吸引用户参与体验。没有可口的咖啡，星巴克即使有领先的理念，也是不可能成功的！

（3）卖场设计人性化

首先，从顾客踏进卖场时起，就要让消费者感受到卖场的人性化设计。

所谓人性化设计，就是卖场要考虑到特殊需要的顾客，比如，为残疾人开设绿色通道，为需要休息的顾客设置长凳，在商场内设置小型的自动售货机等。

其次，整个卖场要体现出一种人文精神，创造一种温馨、和谐的气氛。

在消费者变得越来越个性化、感性化、情感化的时代，需求重点已经由追求实用转向了追求体验，消费者的消费行为既崇尚理性又显现出了感性，在消费时会进行理性的选择，但也会受情感的驱动。体验营销要十分重视对消费者的情感投入，通过情感交流不仅可以增进彼此之间的情谊，还能有效满足消费者的情感需求。

（4）发布体验信息

体验信息的传播要融入体验的功能理念！消费者每天要面对成千上万的信息，企业应该利用其有效的媒介，如互联网、报纸、DM（快讯商品广告）、商场目录杂志等来传播信息，可以通过一段故事、或者一段场景传播形式引出对体验活动的介绍。

体验是消费者直接参与企业营销活动而产生的切身感受，参与是体验的前提。体验营销为消费者提供了参与产品和服务设计的机会，甚至可以参加产品和服务的生产和消费过程。

以母亲节为例，如果报纸广告诉求“今天，你记起母亲的生日了吗?”散发的DM、商场目录杂志写着“我们已经为你挑选好了送给母亲的礼物”，商场内部的广播传出《世上只有妈妈好》的歌谣，卖场电视则播放着相关的画面，甚至产品上写着“把我送给你爱的妈妈吧!”……这些体验信息组合在一起，就会构成一种氛围，必然会有效唤起消费者内心的情感，使消费者融入关爱母亲的体验中去，购买相关产品。

(5) 树立质量和品牌优势

质量和品牌是顾客选择产品时最为看重的因素，因此也被视为产品以至整个企业的生命。开展体验营销的时候，企业不仅要注重消费者对产品的质量体验和品牌体验，还要通过良好的质量和品牌形象为顾客带来特殊的心理体验，实现企业价值的最大化。

汽车厂商可以通过静态与动态两种体验方式搭建品牌与消费者沟通的桥梁。静态部分包括产品本身，例如，功能、特色、包装、外观、触感、品牌美学等，这些都是顾客接触品牌瞬间体验的起点。动态元素包括在各种接触点与顾客动态来往中，例如，在店里面对面互动或是网络上从事电子交易，请“准用户”走进企业，邀请消费者参观生产线，让消费者亲眼看到新车是如何制造出来的。通过这样的方式更好地吸取消费者的各种建议，让用户逐渐参与到完善产品品质的过程中，更好地形成用户与厂商的良性互动。

(6) 建立客户体验数据库

开展体验营销，企业要以先进的信息技术为平台，充分利用现代化的信息技术和信息手段，及时、全面地收集客户信息，掌控客户资源，保持相对稳定的客户队伍，建立客户体验数据库，设法与顾客建立起及时、双向、互动的交流与沟通，把握消费者体验需求的动向，为顾客提供个性化的产品和服务。

要想给顾客留下完美的购物体验，企业不仅要提供优质的售后服务，还要在产品售出后通过电话、邮件、贺卡等方式与顾客保持联系，坚定顾客所作的购买决定，提高顾客忠诚度。比如，通过寄产品生日卡，祝贺用户购买某一产品一周年，来影响顾客的情感，提高顾客忠诚度。

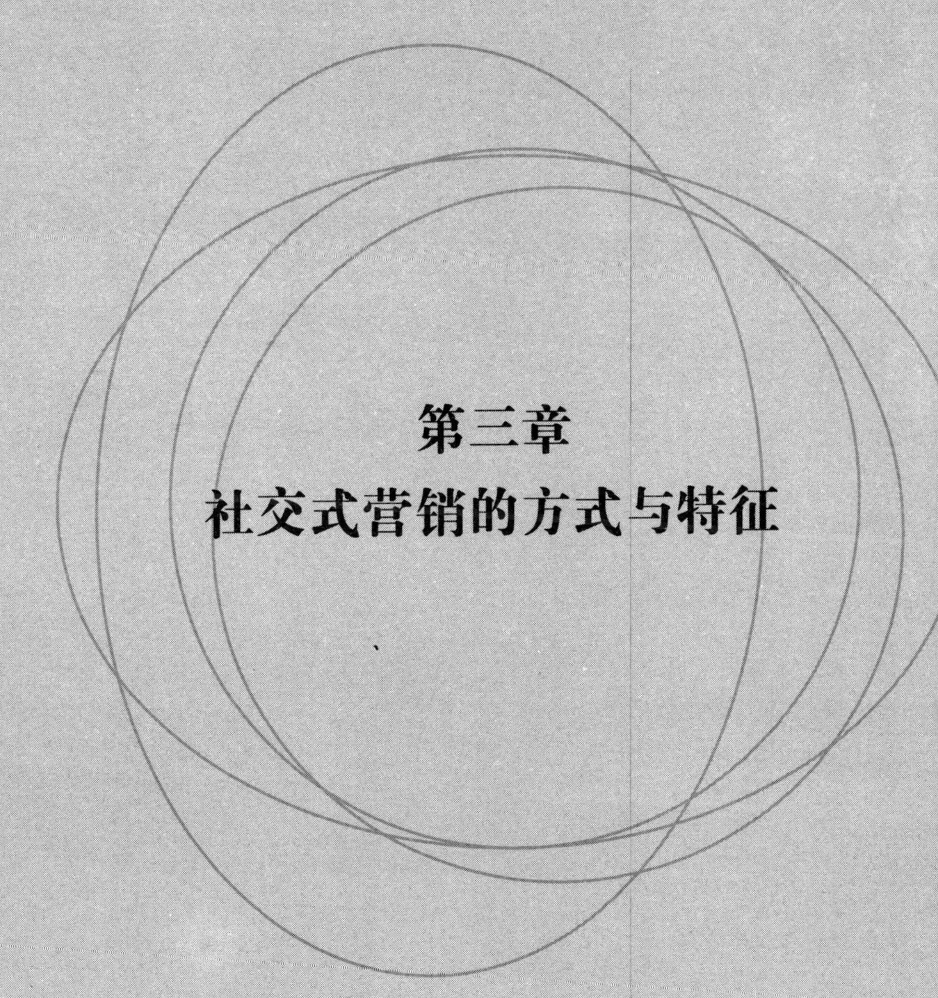

第三章
社交式营销的方式与特征

社交式营销方式特殊的创新黏性

> 在朋友圈抢红包，通过巧妙的设计可以激发出人性中的“小贪婪”“好面子”，爱抢夺的“狼性”。在移动互联时代，社交式营销如同一瓶增加创意黏性的神奇胶水，将会得到越来越广泛的应用。

网络营销与传统营销方式的区别是显而易见的，营销的手段、方式、工具、渠道以及营销策略等都有着本质的区别，但营销目的确实相同，都是为了销售、宣传商品及服务、加强和消费者的沟通与交流等。虽然网络营销不是简单的营销网络化，但是所有的分析都不能脱离传统营销理论，都要以其为基础进行分析。

1. 从产品和消费者来看

从理论上来说，一般商品和服务都可以在网络上销售，其实目前的情况并不是这样。只有电子产品、音像制品、书籍等教直观和容易识别的商品销售情况要好一些。

从营销角度来看，通过网络是可以对大多数产品进行营销的，即使不通过网络达成最终的交易，网络营销的宣传和沟通也可以真正直接面对消费者，实施一对一差异化营销，可以针对某一类型甚至一个消费者制定相应的营销策略，消费者也可以自由选择自己感兴趣的内容。这是传统营销无法相比的！

2. 从价格和成本上看

网络营销直接面对的是消费者，减少了批发商、零售商等中间环节，节省了中间营销费用，可以降低销售成本，减少营销费用，所以商品的价格可以低于采取传统销售方式的价格，产生较大的竞争优势。同时，还减少了销售的中间环节，商品的邮寄和配送费用也会一定程度上影响商品的销售成本和价格。

3. 从促销和方便上看

在促销方式上，网络营销本身可以采用社交网络、电子邮件、网络广告等方式，也可以借鉴传统营销中的促销方式。促销活动一般要求有新意、能吸引消费者，所以网络营销同样要有创意新颖的促销方式。

在方便上，一方面网络营销为消费者提供了足不出户即可挑选购买自己所需的商品和服务的方便；另一方面少了消费者直接面对商品的直观性，减少了消费者的不便。

4. 从渠道和沟通上看

网络营销与传统营销在渠道上的区别是明显的，由于网络的本身条件，离开网络便不可能去谈网络营销，而传统营销的渠道是多样的。由于网络有很强的互动性和全球性，网络营销可以实时地和消费者进行沟通，解答消费者的疑问，并可以通过社交网络、电子邮件快速为消费者提供信息。

和传统营销比较起来，社交式营销更加具有创新黏性，更能有效地激发网友自身的参与传播，交互性更强，不仅可以让用户带来用户，还能让用户黏住用户。在移动互联时代，社交式营销必然会得到越来越广泛的应用。

在朋友圈里，有些朋友会发打车红包，除了抢朋友的红包，我们也会想着给伙伴们发福利，于是又开始用滴滴打车了。而在打车软件直接补贴的时候，有些人更喜欢用快的打车，因为习惯了支付宝。社交化营销能激发网友自身参与传播，交互性更强，更能激起一圈又一圈的传播，不仅可以让用户带来用户，还能让用户黏住用户。

社交式营销更洞悉人性，能让每个人保持参与和分享的热情。在朋友圈抢红包，通过巧妙的规则设计可以激发出人性中的“小贪婪”“好面子”，以及要抢夺的“狼性”。在移动互联时代，社交式营销如同一瓶增加创意黏性的神奇胶水，将会得到越来越广泛的应用。

常见社交平台以及优劣分析

> 在激烈的竞争中，社交网络时代的3个巨头——腾讯、人人、新浪也在慢慢形成。他们不仅要面对互相蚕食对方地盘的竞争，也要面对新兴社交网站的挑战。

社交网络是现在网络界的热门话题，从Facebook、Twitter到Four－square、Tumbrl，社交网络一直在进行创新。与国外情况不同的是，中国的社交网络是互联网大佬的天下。在激烈的竞争中，社交网络时代的3个巨头——腾讯、人人、新浪也在慢慢形成。他们不仅要面对互相蚕食对方地盘的竞争，也要面对新兴社交网站的挑战。

1. 腾讯

腾讯的社交产品主要由 3 个部分构成：QQ 空间、腾讯朋友和腾讯微博，分别提供的是博客、SNS 和微博的服务。从产品布局上来看，在比较成熟的社交领域，腾讯都有相应的产品；而一些不成熟的产品，像 LBS 这样的功能，腾讯还没有做；用户体验方面，腾讯做得不错；产品思路整体上是跟着人人、新浪等竞争对手走，创新不多。

腾讯的优势主要体现在推广方面：第一，依靠庞大的 QQ 用户群，用弹窗、邮箱、在聊天软件加入口等渠道进行推广；第二，不惜血本的广告和媒体宣传。腾讯很容易获得用户，但是虽然其产品繁多，用户花在社交网络上的时间并不多，用户质量也不高。为了提高用户原创内容，腾讯便将个性签名、微博、空间等产品数据打通，用户只要操作一次就可以将消息发到这些社交平台上。

2. 人人

人人网的主业是 SNS（社交性网络服务），基于实名制和真人关系，满足了朋友、同事、家人之间沟通的需求，主打亲情牌。产品布局比较完整，像公共主页、小组、群、在线视频聊天、话题、位置、人人桌面客户端、家庭空间等产品都满足了用户的社交需求。

随着人人网越来越碎片化，再加上开放平台后很多第三方产品的接入，人人网出现了产品之间不衔接、界面不统一的情况，提高了用户的使用成本。随着最近几次产品的升级和改版，这种情况在慢慢变少。人人的产品思路是跟着 Facebook 走的，他们会关注最新的社交产品，然后进行模仿和本地化。

在媒体资源不如新浪，推广渠道不如腾讯的前提下，人人还能保持领先的优势，主要原因就在于其中国特色的推广方式。人人网有一个渠道部门，专门做人人网的推广工作，在大学、中学、网吧等地方建立起了庞大的兼职团队，据说总人数上万，其内部称为“维度军团”。他们日常的工作就是在线下通过海报、活动，以及其他的方式对人人网进行宣传。这种方式看似复杂但是却很有效，让人人网对自己的目标用户进行了有效的覆盖，并且在校园形成了垄断地位。

3. 新浪

新浪的社交产品主要是发展凶猛的微博。微博是一种社交媒体，可以满足一些有媒体影响力的人表达自我的需求，比如：明星、媒体人、企业家等。作为中国的 Twitter，新浪做了很多创新，比如适合中国网民的评论、转发、发图片等功能。同时，新浪还在产品布局方面，推出了微群、微领地等产品。

新浪的优势在于，其强大的媒体资源和运营能力。微博用加“V”的方式，给了名人用户特殊的身份标志，满足了其“高人一等”的心理需求，在此基础上，发挥名人效应，制造了一些社会事件和娱乐八卦事件；然后，利用媒体资源进行报道，吸引名人粉丝们上微博等。事实证明，这种方法是非常有效的。

同时，微博也面临很多问题，比如，普通用户之间交流不多，活跃度不够，名人认证宽松，一些人很容易就能通过认证，利用名人的身份做一些炒作；有些商业机构利用微博的转发功能进行商业广告转发，很多名人也参与其中；假粉丝泛滥，用户经常被打扰，谎言和假新闻经常在微博上流传等。

总之，在微博变得越来越强大的时候，也变得越来越喧嚣和功利。

移动营销的关键在于互动参与

> 互联网时代的一大特征就是厂商信息能被轻易查询，用户的查询行为也可被追踪，商家可以针对消费需求进行有效干预。随时随地地双向信息沟通的重点在于双向，移动营销是最容易衡量的营销形式！

所谓移动营销指的是，面向移动终端即手机或平板电脑的用户，在移动终端上直接向分众目标受众传递个性化信息，通过与消费者的信息互动达到市场营销的目标。

对于广大企业来说，营销是一个永远不变的话题。不管什么样的企业，或大或小；无论在哪个时代，是纸媒时代，还是互联网时代，都离不开营销。随着智能移动端的不断普及以及无线网络的不断成熟，移动营销也进入了企业的视线，成了企业营销的新宠。

移动互联网时代的一大特征就是厂商信息能被轻易查询，用户的查询行为也可被追踪，这样商家就可以针对消费需求进行有效干预，并最终促使消费达成。

移动营销话题的兴起，源于移动电话向移动数字终端的转变。当移动信息变成了一种新的媒体形态时，营销界就会着手挖掘手机媒体的营销价值。因此，研究手机媒体的特性是研究移动营销的基础。而手机媒体有两大特性：随时随地地双向信息沟通，作为便携设备的信息量约束。这两点也是开展移动营销的基础。第一条决定了移动营销的价值，第二条则限定了移动营销的应用范围。

随时随地地双向信息沟通的重点在于双向，移动营销是最容易衡量的营销形式！

1. 关于移动营销

关于移动营销，下面的几点是需要了解的。

（1）消费者可以立即同智能手机上的广告进行交互

在看完广告之后，消费者可以立即发短信、打电话，或者进行内容下载。移动设备的强大功能使得结合了全新交互方式的在线广告可以和品牌更加紧密地结合起来。比如，消费者在商店购物时，可以在线查看他人对某件产品的评价；在使用产品时，可以访问该产品的 APP；可以对产品进行拍照，然后将照片发布在 Facebook 等社交媒体上。

（2）我们生活在一个 APP 广告的时代

如今，苹果 APP 商店里可供下载的应用数已经超过了 50 万，下载次数也超过了 250 亿次，使得 APP 也成了移动营销的前沿阵地。消费者不仅可以下载自己喜欢的 APP，还可以同 APP 进行交互，从而购买、发现新信息，以及同朋友分享等活动。这是一种受到人们欢迎的广告形式，只需点击下载 APP 即可。

（3）移动广告提升了用户体验

移动广告允许市场营销人员可以用一种个性化的、不间断的、基于位置信息的方式去同消费者进行交流。从简单的短信到丰富的 iPhone 应用，企业可以进行多种选项，从而完成市场目标。

（4）移动设备就是媒体

消费者在散步、等待、吃饭，甚至是在开车的时候都会使用手机。而且，资料显示，有 86% 的移动互联网用户在看电视的时候也会使用他们的移动设备。未来，智能手机必将代替其他形式的媒体，虽然这一过程会比较缓慢。

（5）消费者已经为你做出了决定，不管你是否情愿

如今，使用移动设备去搜索产品和服务信息的消费者越来越多，企业的产品信息也可能会被检索到。怎么去利用这些信息，完全取决于企业自己。可以开发一款 APP，改善消费者对品牌的看法；可以创建一个移动站点，使得顾客更加容易地了解你的服务；可以提供一个移动横幅广告，让目标用户在路上看见。

（6）手机正变得越来越智能

如今，智能手机正在改变开展业务、通信、购物和打发时间的方式。甚至在不久之后，它们还将代替信用卡。企业一定要密切留意智能手机能够做什么，并以此开展各种规模的广告活动。

（7）社交网络促进业务增长

社交网络一般都拥有自己的 APP，用户可以方便地更新他们的个人资料、确认朋友请求，并随时签到。其实，一些社交网络就是围绕移动设备来设计的，比如 Foursquare（一家手机服务网站），主要利用了智能手机上的 GPS 定位技术。

（8）消费者不会排斥移动广告

在出现产品广告时，消费者一般会倾向于换台，不管是在收听广播还是在看电视时；在看报刊、杂志的时候，他们也会省略广告；在上网的时候，会毫不犹豫地关掉弹窗广告，甚至感到愤怒。然而，移动广告对大多数消费者来说却是一种新鲜事物，可以提供其他媒体无法提供的交互体验，比如消费者可以立即兑现商店的优惠券，像 Nike 这样的公司所提供的 APP 还能帮助人们轻松减肥等。

如今，二维码无处不在，在广告、直接邮寄广告，甚至是电话民意调查的海报上都可能会出现条码。二维码可以使所有的事情都同用户交互起来，消费者扫描它们之后，就可以访问移动站点、观看视频或音频，对产品了解得更多。杂志或报纸广告之类的静态方式，如果能插入二维码，消费者定然可以通过他们的智能手机同商家进行更为密切的沟通。

(9) 移动设备是工作、开车、人际互动，睡觉时的好伴侣

如今，手机不仅仅是打电话的工具，还可以用来进行互联网搜索、使用 APP、发短信等。在使用各种功能手机的年代，移动营销还没有被人们重视。如今，随着智能手机的蓬勃发展，移动设备已经成为所有营销人都非常重视的媒体。

2. 移动营销 17 招

如何来进行移动营销呢？下面给出 17 招有效的方法。

(1) 检查

查看网站的流量来源统计，确定有多少访客是通过平板电脑、iPad、iPhone 或者其他移动设备访问你的网站的。这些数据是需要经常去分析的。

(2) 相关

短信营销是移动营销不可或缺的一部分，客户可能会收到他完全不感兴趣的营销短信。没有什么营销内容能放之四海而皆准，用户确定内容不相关就可以及时退订。要确保客户对你所发的信息是感兴趣的，最好不要发布广告性太强的垃圾短信。

(3) 反馈

倾听用户的心声，问问他们是如何看待你的移动营销活动的，可以通过邮件、短信或链接地址等方式邀请受众反馈。弄清用户是否喜欢这种营销，才是最为关键的！

(4) 注册

让注册环节更加安全更加简单，用户有权利知道你打算如何利用他们的注册信息。

(5) 激励

谁是你的目标客户，哪些人可能会接受你的移动营销活动。可以通过竞赛排名或有奖激励等方法，鼓励受众成为用户。

(6) 有效

统计移动营销活动的有效率，是否提供了有价值的信息。如果你发送的只是垃圾信息，最好不要再这样做了，因为这完全是在浪费时间。

(7) 区域

留意营销活动的区域性！每一个地方都有其特点，要针对不同的区域制定不同的营销策略。

(8) 提醒

与时间或者流程有关的提醒信息也是非常有用的营销短信，比如，提醒用户某个订单即将失效，抑或是用户收藏的某一款商品已经到货。

(9) 返回

如果顾客选择接收短信，给他们返回重要的信息就显的非常重要了。“你的订单已经开始派送，订单号为××××”这是另外一种提醒短信，对于客户来说这也非常有用。不要小看了这种提醒，调查发现，很多用户是十分喜欢这种方式的，会对商家产生更多的好感。虽然仅仅是一个小细节，但足以打动用户！

(10) 尊重

请尊重你的用户！要把握好营销活动的频率，不要对他们进行信息轰炸。如果不想让客户流失，就不要在干这样的事情。

(11) 响应

通过短信查询功能快速响应消费者！这和在线客服、咨询热线、信件一样重要。

(12) 记录

记录顾客的投诉、建议或其他反馈信息，然后针对问题进行跟进处理。

(13) **价值**

确保营销活动是限时的、诱人的，有价值的营销信息才能吸引目标。如果对于用户来说，你开展的营销活动是没有多大意义的，还不如不开展。

(14) **推荐**

营销活动是获得新用户的有效方式，为了鼓励客户，可以提供一些奖励，让他们帮助你扩散营销信息，拉拢更多的人加入进来。这样，获取客户的效率会更高。

(15) **快速**

如果移动营销活动无法正常开展，可以采取一个更好的方式来实施计划，实施的战略必须适应新趋势或者新技术。

(16) **依靠**

依靠可靠的软件或者工具来部署你的营销活动，这些工具需要能够提供统计数据和营销建议。

(17) **实际**

并不是所有的客户都希望接收你的短信、彩信或其他营销推送信息，要注意移动营销的实际效用。

从“新媒体渠道”升级为“整合营销平台”

> 在市场竞争异常激烈的情况下，大多数企业都希望自己能够摆脱“红海”中的残酷淘汰而畅游“蓝海”。新媒体整合营销蕴含着巨大的能量，为差异化和低成本搭建起了沟通的平台，是企业发展的突破口。

如今，营销传播市场变幻万千，大数据、移动互联、跨界合作、年轻人消费群体等热词不断涌现，广告主、代理商、媒体该如何应对行业变革？社交媒体如何抓住移动互联网的市场机会？就要从“新媒体渠道”晋升为“整合营销平台”。

在这个互联网和移动互联网快速革新的时代，营销思维也不断发生着转变。在传统的营销手法中，媒体广告是最主要的营销工具，广告代理商几乎领导着所有的营销传播渠道，其他营销工具皆以辅助为主。而新媒体整合营销是建立在以网络新媒体、数字新媒体基础之上，该系统使所有的营销活动在市场上拥有了一个统一的印象，产生了灵活的效果。也就是说，整个营销系统的决策者及其管理者能够很好地参与到整个营销传播的决策与互动中，而非简单的执行者。

在市场竞争异常激烈的情况下，大多数企业都希望自己能够摆脱“红海”中的残酷淘汰而畅游“蓝海”。新媒体整合营销蕴含着巨大的能量，为差异化和低成本搭建了沟通平台，成为企业发展的突破口。通过新媒体这个载体，将创造性的元素融入了整合营销传播当中，对于企业战略转型和整合营销的完善发展都是异常重要的。那么，企业该怎样把握新媒体的脉搏，实现整合营销的有效实施和传播呢？

1. 平台营销

利用数字化的信息平台和新媒体的交互性来辅助营销目标。采用平台营销，要以客户为中心，以网络为导向，借助新媒体，实现企业的目的。企业要充分认识新的营销环境，利用各种互联网平台提供有效的支持，进行实际的推广和操作。

目前，单一平台或者是单一工具已经不能为整合营销提供万能的解决方案，传统行业与互联网平台营销的结合应该更主动和理智。主动研究和体验互联网是新媒体整合营销成功的关键因素，例如：黄太吉不仅会用微博，还会使用大众点评、微信、QQ、陌陌等几乎所有新媒体的平台来进行新媒体整合营销。

2. 跨界营销

随着市场竞争的日益加剧，行业与行业之间的相互渗透，已经很难对一个企业或者一个品牌清楚地界定它的“属性”了。如今，“跨界”已经成为国际最潮流的字眼，从传统到现代，从东方到西方，跨界的风潮愈演愈烈，已经成了一种新锐的生活态度和审美方式融合的代表。

2014 年，国产手机的市场营销重拳出击。小米的“米粉节”与华为的“荣耀狂欢节”在同一天进行，相互厮杀，争夺用户，被外界称为“华为用小米的招数打小米”。但酷派在整合营销层面，却玩起了跨界。在京东，只要购买酷派大神 9976A 手机就有机会赢得高尔夫轿车一台，即“买大神送高尔夫”。最近，酷派还玩出了“大神送你特斯拉”活动。

酷派这次跨界营销的最大亮点就在于，把大神手机与特斯拉联系在了一起，在用户心目中形成了品牌认知。与一个强品牌的关联，可以让消费者产生更深刻的关联度。无论是“大神送你特斯拉”活动，还是“买大神送高尔夫”活动，都可以抓住用户尖叫体验需求，通过跨界营销提升酷派大神的品牌。

跨界营销是行业合作的创新，也是整合营销领域的新型模式，实现了品牌从平面到立体、由表层进入纵深、从被动接受转为主动认可、由视觉、听觉的实践体验到联想的转变，可以使企业的整体品牌形象和品牌联想更具张力，对合作双方都有好处，可以实现“1 + 1 > 2”的经济效益。

3. 精准营销

充分利用各种新媒体，将营销信息推送到比较准确的受众群体中，就是精准营销，这是当今企业整合营销的关键。如何做到精准营销呢？不仅要通过品牌联合等整合营销做好企业的营销分析、市场营销状况分析、人群定位分析，而且还要充分挖掘产品所具有的诉求点，实现真正意义上的精准营销。

整合营销的最终目标是销售产品和服务，占领市场。因此，企业在营销中要把握精准营销的策略，使营销目的具有明确性，让产品深入到消费者心中，让消费者认识产品、了解产品、信任产品，到最后依赖产品。这都是实现精准营销的关键！

如何实现精准营销呢？

首先，要有精准的市场定位。要找准目标人群，练就一副“火眼金睛”。要想让定位产品得到用户的青睐，必须在恰当的时间提供恰当的产品，用恰当的方式送到恰当的顾客手中。而这里的“恰当”就是我们所说的“精准”。

其次，使用巧妙的推广策略。要想实现精准营销，就要借助数据库的筛选，找寻目标客户，实施有效的推广策略，实现精准销售，从而降低营销费用。

另外，在以市场为导向、消费者为中心的营销新时代，要想获得收益，企业必须关注客户价值。

由此可见，以客户为导向、关注消费者个体体验，是精准营销中实现更高客户体验的真谛！

4. 饥渴营销

通过饥渴营销，可以维持商品的较高售价和利润率，达到维护品牌形象、提高产品附加值的目的。比如，苹果公司的“可控泄露”战略为其赢得了全球市场，小米手机的“米粉节”营销也是屡试不爽。

饥渴营销成功的前提是要与用户达成心理上的共鸣。即使你的产品再好，也要消费者的认可与接受；只有拥有足够的市场潜力，饥渴营销才会拥有施展的空间，否则一切都是徒劳。

另外，饥渴营销在结合新媒体的基础上也要审时度势量力而行，要对消费者进行适当的宣传造势和积极引导。进行饥渴营销，要把握有度，否则任何盲目的、自我膨胀的经济行为都要以失败告终。一味地高挂消费者的胃口，定然会消耗一些人的耐性，一旦突破其心理底线，“猎物”就会落入竞争对手的口中。

企业要迎合客户的心理，公布自身的价值，变主动为被动，使客户产生自豪感，满足其虚荣心，与用户形成心理上的共鸣，从而产生口碑营销，这是饥渴营销得以运作的根本！

产品在拥有了高质量和良好的体验口碑前提下，如何创造性地使用新媒体并出奇制胜，产生“无穷如天地，不谒如江河”的整合营销效果才是企业需要思考的关键！

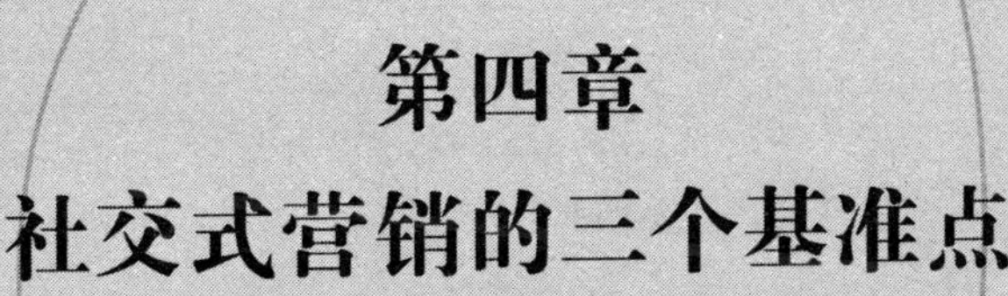

第四章
社交式营销的三个基准点

社交聆听系统的建立

> 企业可以透过监控特定关键字，比如品牌、产品、服务、公司具代表性人物等，在社交网络上被谈论的状况，收集并分析消费者对于品牌的认知度、好感度及各种正反意见。

2006 年，Facebook 已经开始接纳大学生之外的人群；2007 年，Twitter 开始流行，一个全新的实时通信时代正悄然来临。几乎一夜之间，人们都可以随时与世界各地的人分享他们的想法，这就给品牌带来了第一个问题和机会：聆听。聆听是社交营销的第一阶段。

从时尚到音乐再到食物，随着 Facebook 和 Twitter 迅速成为人们分享观点的工具，营销人员监测和聆听有关其品牌的谈话就变得尤为重要。而 Radian6、Crimson Hexagon 和 Collective Intellect 这类公司，就是为此诞生的。营销人员聆听消费者的谈话，就可以得到他们的即时反馈。

如今，社交网络已经成为新的客户服务渠道。在这里，一旦出现有关新产品的负面意见或搞砸的宣传活动，就可能会导致愤怒的网络暴徒出现。当消极的 Twitter 消息蜂拥而至时，品牌必须认真倾听和回应。而且，通过聆听工具，还可以获悉消费者是如何看待他们的品牌的。

对很多企业来说，利用社交网络做营销就是努力增加粉丝数以及提高和粉丝的互动率，让更多粉丝点赞、分享或是留言，但是企业对自己的粉丝究竟了解多少？他们对什么感兴趣？喜欢什么样的内容？喜不喜欢你的新产品……要想搞清楚这些问题，除了不断测试及分析相关的数据外，还要通过长期的社交网络聆听来深度了解消费者的需求。

企业可以透过监控特定关键字（如品牌、产品、服务、具有代表性的人物等，在社交网络上被谈论的情况）来收集并分析消费者对于品牌的认知度、好感度及各种正反意见。

在社交网络极为活跃的今天，社交网络聆听已经是企业必须学习及建立的机制。不管你是否选择聆听，消费者都在某处谈论你的品牌和产品，他们的意见会不断地扩散并影响其朋友群，而负面口碑评价传播速度最快。在社交网络时代，不能即时察觉消费者意见并给予适当回应的企业必然会处于被动的状态。

1. 如何建立社交网络聆听

建立社交网络聆听是一个长期的过程，可以帮助企业不断修正其发展方向并保持竞争力，但是如果你没有一个明确的策略，就无法知道如何从巨大的讯息量中提炼你要的信息，并拟定相应的对策。

好的社交网络聆听策略与工具，不仅可以让企业了解舆论的走向和发展趋势，帮助企业预防公关危机，而且其所收集的资料还可以协助企业达到以下目标：提升社交网络互动、维护品牌形象、掌握竞争者动态与产业趋势、挖掘消费者需求、处理客户抱怨、发现未来商机等。那么，如何建立社交网络聆听呢？

（1）决定你的“他”

消费者对企业有很大的决定作用，这一点是很明显的，可是很多企业并不真正知道自己每天在对谁说话。企业要了解消费者会访问的平台或社交网站，只有懂得做基本的区隔，才能为不同的“他”制定出不同的沟通策略。

（2）发现最具影响力的消费者

研究发现，1%的粉丝或平台访问者会为你贡献20%的流量，因此企业要找出核心拥护者，与他们进行良好的互动，不断挖掘和培养更多相似的人。

（3）找出核心关键字及相关趋势

不要直接使用你所知道的关键字进行聆听，先观察消费者在讨论你的品牌时所使用的语言，从中找出最常用的关键字以及他们目前最关心的趋势，这样做有助于你更精准地选择要监测的关键字。而且，使用消费者的语言和他们沟通，可以让你的讯息更容易打动人心。

2. 了解社交网络聆听的工具

要想在消费者巨大的讨论量中，找出和品牌相关的讨论并进行分析，不依靠一定的工具，几乎是不可能做到的。这些工具从免费到付费，总共有250多个，在这里简单介绍几种。

（1）Google 快讯

Google 快讯是免费工具中最简单也最受企业欢迎的，只要几个简单的步骤，就能轻松设定你要监控的关键字、资料类型，以及通知的频率。这个工具能让你及时了解大家在谈论你的品牌与产品的什么话题，并即时处理负评。

（2）Hootsuite（一种社交网络管理分析工具）

Hootsuite 是一个拥有近500万使用者的社交网络管理分析工具，目前支持40种社群平台，包含Twitter、Facebook、Google +、YouTube、Wordpressblog等社群；甚至还支持Google Analytics的报表分析功能。

（3）Social Mention（一个检索和分析平台）

Social Mention 是一个社群媒体检索和分析平台。通过这个搜寻引擎，可以搜寻来自80多个不同网站的内容。它所提供的分析矩阵包含：情绪指标、达成率、关键字、用户排行榜以及品牌讨论的前三大来源，也可以像GoogleAlert（谷歌搜索结果）一样，将最新的讨论内容和动态消息告诉你。

（4）Bottlenose（一个搜索引擎）

Bottlenose是一个即时的社交网络搜索引擎，根据你搜索的主题或兴趣呈现相关的搜寻结果，例如，此刻的链接分享的最多，围绕你的品牌使用最多的相关关键字，以及最常讨论你的品牌的使用者，但目前结果多以Twitter为主。

（5）Netvibes（一个社交网络聆听仪表板）

Netvibes是一个综合性的可高度定制化的社交网络聆听仪表板，可以显示出相关新闻，支持许多社群平台，比如：Twitter、WikiAnswers、YahooAnswers、Topsy、RSSfeeds等，也可以整合Google快讯的功能。

（6）Quintly（一个监测和分析工具）

Quintly聚焦在Facebook、Twitter以及YouTube的监测和分析上，这个工具可以帮助你追踪和比较自己在社群上的表现与成长，也可以监控竞品粉丝专页的动态，有免费的版本可供使用。

社交管理运营的关键要素

> 优秀的创意能刮起病毒式传播的旋风，会将你的品牌信息悄无声息地带到消费者心里。营销活动要想引人注目，就要有创意，比如可以利用具有新闻价值的事件、网络视频、Flash（一种软件）动画或图标等。

2008 年，Facebook 推出了企业品牌页面，众多企业营销人员争相在上面争夺粉丝。这样，品牌不再只是简单地听取其粉丝的意见，而是需要采取各种途径与粉丝进行交流。社交管理平台与此前的 CRM 和电子邮件营销具有相似的地方。像 CRM 和电子邮件营销一样，这些平台也允许大规模地进行更加个性化的交流，但是，它们主要侧重于内容推广。

近年，互联网飞速发展，涌现出了一大批新型的社交网络网站，如 Facebook、YouTube、人人网、豆瓣网、优酷网、新浪微博等。社交网络网站是建立在用户的人际关系之上的，通过各种人性化应用带动用户互动沟通，形成了巨大的商业市场空间，将基于社交网络的互动式营销的巨大机会带到我们面前。

1. 基于社交网络的互动式营销的概念

所谓互动营销就是让消费者参与到品牌的建设中，使品牌与消费者及消费者团体对话。

社交网络的互动式营销是指企业品牌围绕社交网络的关系人群展开互动沟通，通过综合使用多种营销方式提升品牌的口碑和影响力，最终实现品牌销售目的的营销活动。它具有如下特点：以品牌为核心；围绕社交网络的真实人际关系人群；多种营销方式的综合运用；以提升品牌口碑和影响力为目标；以品牌与消费者及消费者之间互动为手段。

2. 基于社交网络的互动式营销管理的关键成功因素

基于社交网络的互动式营销管理的成功关键是什么？应该正确把握下面 6 个关键因素。

（1）传递优秀内容，提升品牌口碑与认知

口碑是品牌营销的关键！优秀的口碑是建立在良好的认知基础上的，要想使消费者具有良好的品牌认知，必须传递给消费者优秀的品牌内容。

在与目标消费者人群互动的过程中，要不断传递优秀的活动内容，使消费者树立正确的品牌认知，提升品牌在消费者心中的口碑。

星巴克曾推出一个免费喝咖啡的活动，即在指定的某一天，自带杯子（非纸杯）到星巴克，就可以免费喝一杯咖啡。此活动通过传递“低碳环保，保护森林”，将星巴克与日常生活结合在一起，对提升星巴克品牌认知非常有帮助。

（2）抓住“意见领袖”，引导传播趋势

社交网络群组的“意见领袖”是可以影响其他消费者的人，能帮助企业引导传播趋势朝着期望的方向发展。创业通过对“意见领袖”实施正确的影响，就可以引导消费者对品牌的认知朝着期望的方向发展，有助于品牌在消费者心目中树立正面的口碑。

VANCL（凡客诚品）的“凡客达人”活动，通过选拔和培养“达人”，将VANCL的穿着和搭配风格分享到社交网络，引导VANCL的品牌传播趋势。

（3）发挥优秀创意，促进病毒式传播

优秀的创意能刮起病毒式传播的旋风，会将你的品牌信息悄无声息地带到消费者心里。营销活动要想引人注目，就要有创意，比如可以利用具有新闻价值的事件、网络视频、Flash动画或图标等。杜蕾斯套鞋事件就是。

2011年6月23日北京暴雨，杜蕾斯套在鞋上以避免鞋子泡水的图片在微博上被迅速转发扩散，只用了短短20分钟杜蕾斯就成了新浪微博一小时热门榜第一名。

(4) 好友关系驱动，提升对话质量

企业可以利用关系促进消费者之间的互动，提升对话质量和品牌口碑的传播。比如，百事将一个普通的购买行为，通过关系延伸为社交活动，起到了很好的传播效果。

用户只要在百事可乐的贩卖机上输入朋友的姓名、联系方式等，然后选择一款饮料作为礼物，朋友就会收到一个兑换码，就可以到贩卖机上兑换或转赠他人。

(5) 倾听消费者心声，洞察用户需求

倾听是品牌发展的主要渠道，只有学会倾听才能把握品牌发展的方向。倾听消费者的心声，掌握消费者的真正需求，是基于社交网络的互动式营销活动成功的关键。

大众汽车曾推出过一次“大众自造”活动，用户可以通过它分享设计灵感、知识，体验造车乐趣，推选出每一季最佳创意。大众创作团队以适当的方式将这些创意呈现出来，并通过这种方式挖掘出了用户的需求，并将其转化和利用。

(6) 树立口碑，促进销售为最终目标

当一种品牌通过营销活动在消费者人群中树立了自己的口碑时，实现其销售目标也就水到渠成的了。促进销售是营销的终极目标，但优异的销售是建立在良好的口碑之上的。比如小米手机的市场推广活动。

2011 年 8 月，号称世界首款双核 1.5Hz 高性价比的智能手机问世，仅售 1999 元。此款智能手机瞄准目标“发烧友”，高性价比和“为发烧友而生”的口碑迅速在各社交网站扩散，仅一天多的时间，小米手机的预订人数就超过了 30 万。

利用社交平台整合营销实现裂变

在社交式营销的第三阶段，企业必须制定战略来推动消费者深度参与和合作，要允许消费者同品牌进行亲密接触，作为回报，消费者定然会向企业无限量地提供自己的见解和创意。

在社交式营销的第三个阶段，要充分利用各个品牌已经建立起来的巨大社交数据库，设法从中赢利。现在，很多品牌都拥有数百万粉丝和追随者，以及庞大的客户关系管理数据库，手中掌握的“资产”巨大。尽管如此，各个品牌仍然处于从其社交追随者那里赚取商业价值的早期阶段。

20 世纪 60 年代中期，美国的马克威尔牌咖啡在日本先后进行了 3 次大规模的样品派送，一共送出咖啡样品 1800 万份，派送办法是把咖啡样品封在 1 斤装的面包包装内。

第一次派送时间是 1965 年 3 月至 5 月。马克威尔牌咖啡的生产厂家与日本第一屋制面包公司合作，把咖啡样品夹在 1 斤装的面包包装内，送出了 200 万份样品，范围遍及日本全国。结果，面包销量和咖啡销量都出现了惊人的增长，使得日本其他面包公司纷纷要求参加派送。

第二次派送时间是 1965 年 10 月至 1966 年 1 月，共 4 个月。马克威尔牌咖啡的生产厂商与日本 7 个地区的 7 家面包公司合作，其中 6

家面包公司是：东京第一屋制面包公司、大阪的神户屋制面包公司、名古屋的敷岛屋制面包公司、福岗的粮友屋制面包公司、仙台的虎屋制面包公司、札幌的罗巴面包公司，7个地区共送出样品600万份。

第三次派送是在1966年秋季。除第二次派送样品的7家面包公司外，新增加了静岗地区的惠比寿制面包公司、新泻地区的郁金香食品公司、福井地区的富士面包工业公司。10个地区的10家面包公司共送出样品1000万份。

这一系列合作营销取得了巨大的成功，具体表现在：马克威尔牌咖啡销量猛烈上升，过去不卖咖啡的面包店都开始代销该产品，并把这种咖啡陈列在主要的、正面的货架上；面包店因销售附带了咖啡样品的面包，生意特别好；面包工厂的业务量因此增加了35%，派送结束后，这种业务量仍持续了较久；消费者品尝样品后，才知道马克威尔牌咖啡是最好的，从此改变了消费习惯，认牌购买马克威尔牌咖啡。

这次合作营销之所以获得成功，主要原因是咖啡和面包有共同的目标消费者。一般来说，以面包为主食的人，绝大多数有喝咖啡的习惯，所以选择面包作派送咖啡样品的载体，非常合适，合作双方互惠互利。附送咖啡增加了面包销量，选择面包派送能准确瞄准咖啡的目标消费者，双方有共同利益，当然一拍即合，同心协力。这一联合营销降低了各方的费用，收到了更好的效果。面包和咖啡搭配得当，符合人们的饮食习惯，从而能吸引更多消费者。

在社交式营销的第三阶段，企业必须制定战略来推动消费者深度参与和合作，要允许消费者同品牌进行亲密接触，作为回报，消费者定然会向企业无限量地提供自己的见解和创意。消费者还将会充当核心媒体通道，传播品牌的信息。

合作营销，也可以称为联合营销，主要是指厂商之间通过共同分担营销费用，协同进行营销传播、品牌建设、产品促销等方面的营销活动，共享营销资源、巩固营销网络。采用这种方式，可以使联合体内的各成员以较少的费用获得较大的营销效果，有时还能达到单独营销无法达到的目的。

1. 合作营销的原则

怎样进行合作营销呢？要遵循下面一些原则。

（1）合作方互利互惠

互利互惠是联合营销最基本的原则，只有合作各方都能得到好处，联合营销才能顺利进行。

1998 年 10 月至 11 月，桂格麦片公司为其营养麦片在上海联华超市推出超值装（卖 600 克附送 150 克），消费者还可以得到联华超市 5 元面值的折价券 1 张。这一营销活动不但促销了桂格麦片，也促销了华联超市的其他商品，双方都能得到好处。

（2）合作方的目标市场相同或相近

联合各方要有基本一致的目标消费群体，才容易收到理想效果。比如“美宝莲”润唇膏的折价券，就是夹在“博士伦”隐形眼镜向其会员寄发的通信册中发送的。这种联合营销之所以可行，是因为这两种产品有共同的目标消费群体——年轻女性，因此效果不错。

（3）联合各方优势互补

2000 年，可口可乐与北京大家宝薯片共同举办了“绝妙搭配好滋味”促销活动。可口可乐是微甜的软饮料，大家宝是微咸的休闲食品，这种搭配可以在口感上相互调剂，甜咸适宜，这就是双方合作的基础。

由上面的例子可见，产品间、企业间的优势互补，也是联合促销的一个基本原则。

(4) 联合各方的形象要一致

选择联合对象的时候，要考虑对方市场形象的问题。企业树立自己的市场形象并不容易，一旦选择合作伙伴不当，有可能会损害甚至破坏自己的市场形象，得不偿失。如果定位于高档商品市场的企业和定位于低档商品市场的企业合作，就有可能损害高档商品的形象；如果是与一个品牌形象不佳的企业合作营销，还有可能破坏自己的企业形象和品牌形象。

(5) 强强联手

合作营销最好是知名企业、知名品牌之间的强强联合。如果是强弱联合或弱弱联合，这种联合有可能起反作用。

1998 年，柯达胶卷与可口可乐推出了“巨星联手、精彩连环送”的促销活动：消费者只要购买 6 罐装的可口可乐，就可以获赠 1 张“柯达免费冲卷，免费享受冲 1 卷胶卷的优惠”；反过来，消费者“在柯达快速彩色连锁店冲印整卷胶卷，即可送可口可乐一罐”。

这一活动双方都是知名企业、知名产品，对消费者有很大吸引力。

2. 合作营销的形式

概括起来，合作营销大约有 3 种形式如表 4 所示：

表 4　合作营销的形式

形　式	说　明
水平合作营销	水平合作营销是指企业在某一特定营销活动内容上的平行合作，比如，两个企业在开发某一新产品上通力合作，或者在对产品的广告和促销上进行合作，或者互相为对方产品提供销售渠道等。水平合作最有可能在同行业的企业中展开

续 表

形 式	说 明
垂直合作营销	垂直合作营销是指企业在不同的营销活动内容上的合作。企业分别承担某一营销活动，最终组成合作优势。比如，丹麦的诺沃公司是生产胰岛素和酶的小企业，具有一定的生产技术优势，但是本身的销售能力却很差。为此，诺沃公司与美国的施贵宝公司合作，由施贵宝公司专门负责北美市场的销售活动，取长补短，取得了很好的效果
交叉合作营销	交叉合作营销是指在同一行业的企业之间进行的合作。交叉合作是两个企业的综合，主要在不同行业的企业之间进行。随着企业多角化战略的不断应用，这种交叉合作已越来越为企业所喜爱

3. 合作营销的类型

一般来说，合作营销主要有以下几种类型。

(1) 不同行业企业间的联合营销

这是联合促销最常见的形式。不同行业之间不仅不存在竞争关系，而且还可以优势互补，能产生名牌叠加效应。

海尔集团下属的海尔家居集成有限公司与房产商大连万达集团结成战略联盟关系，共同推介“万达至海尔”联合品牌。在大连万达开发的住宅房地产项目上，由海尔家居提供菜单式装饰、装修集成和室内电器等配套设施，并统一冠名“万达至海尔”房，提高了住宅的品位和知名度，更容易被白领人士接受。

(2) 同一企业不同品牌的联合营销

芭比娃娃的联合促销活动总是与时俱进，紧跟社会热点，如麦当劳芭比娃娃、哈利·波特芭比娃娃、Burberry（巴宝莉）芭比娃娃、PS2（一种游戏主机）芭比娃娃。

很多时尚品牌在进行品牌推广时最先想到的都是与芭比娃娃联手推出

新产品，这也让美泰公司节约了大量的开发新产品的费用。正因为如此，芭比娃娃在全世界超过150个国家销售，全世界每秒就有3个芭比娃娃被买走，平均每个美国女孩拥有9个芭比娃娃，创造了商业奇迹。

（3）制造商与经销商之间的联合营销

2003年5月，长虹电器股份有限公司与北京国美电器商场翠微商厦联合举办的“世界有我更精彩”大型促销活动。活动内容包括：长虹集团公司总裁、执行总裁，营销管理本部的主要领导等人的现场签名售机，进行现场专家讲解。

这种促销方式利用了产、销合作。各方固有的、高度一致的利益关系，在促销这一环节上很容易达成共识，进而可以联合采取行动。

（4）同行企业之间的联合营销

俗话说“同行是冤家”，但同行之间并不是没有合作的余地。由一家企业单独举办产品看样订货会，很难吸引较多客户；而多家同行企业联合起来，共同展示各自的产品，就能吸引较多客户前来看样订货。同行企业也需要互相利用，借助对方，达到双赢目的。

第五章

品牌战略：五步引爆关注点

透析客户建立基础数据库

> 对于整合营销传播管理者来说，最重要的策略性输出是客户与潜在客户的细分或归类。集中了客户与潜在客户后，就可以进行信息传递和服务了。

在获得了有效的信息数据后，接下来的一个重要环节就是建立自己的公司需要的客户信息数据库。对于不同的公司来说，有的需要数据库，有的则不需要；究竟建立何种数据库需要视公司的具体情况而定，不能一概而论。

一家公司曾提出一个有关数据库类型的圈，它将数据库分为名单、档案管理、项目级数据库、低端营销数据库、中级营销数据库、高端营销数据库等几种类型，需要的数据库类型取决于营销计划的类型。

数据库被视为公司的投资，其中包含数据管理所要达到的水平，例如，从简单的客户名单到高级营销数据库等，组织可以为不同的客户群体提供不同的服务，为价值高的个别客户提供个性化服务。

运用客户和潜在客户的数据来进一步了解他们的行为，通常需要整合或集中来源的数据，即整合并分享客户数据。这里有一个矩阵便于观察所得的数据是如何被整合的。如图 2 所示：

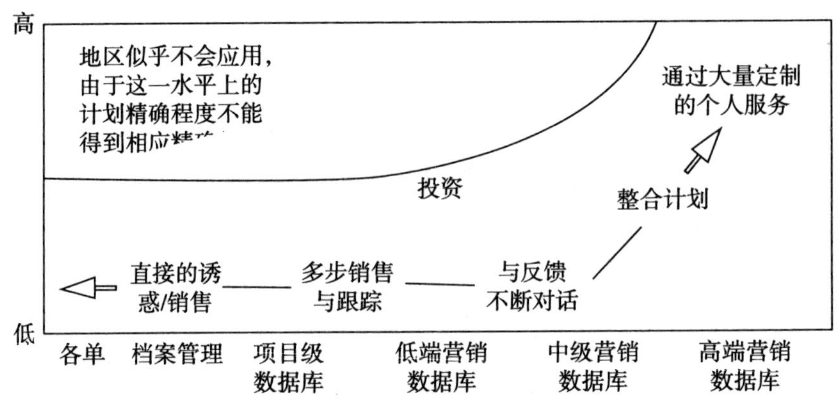

图 2　资料库矩阵图

其中，横轴是从可衡量的数据到隐含的数据。可量化的数据是针对众多客户与潜在客户提供具体而有条理的信息。隐含数据则来自研究的调查方法或是不定期的客户接触与评论。

纵轴是从可观察到的数据到可以推测的信息。可观察的信息基于可以追踪的实际客户行为与数据。可推测的数据则是基于意见调查与其他抽样技术收集来的信息。

当两种资料结合在一起时，就可以画出另一个矩阵，如图 3 观察的数据所示：

在图 3 左上方的矩阵中，购买历史、客户留住率、促销反应、人口统计数据等属于可观察、可衡量的数据：右上方的客户偏好数据属于暗含的、可观察的数据；左下方的竞争购买研究、推断的人口统计数据、小组数据以及综合的购买数据都属于可衡量和可推测的数据；右下方的客户满意度/客户价值推断的心理描述数据则属于暗含的和可推测的数据。这些数据被进行恰当的归类以后，就会成为对公司有价值的数据。

可观察的数据（以数据库为基础）

衡量的		暗含的
购买历史 客户留住率 促销反应 来自客户组群/人口 普查的人口统计数据		来自客户组群/人口 普查的客户偏好数据
竞争购买研究 推断的人口统计数据 小组数据 综合的购买数据		客户满意度/客户价值 推断的，心里描述数据

可推测的数据（以调查为基础）

图3　资料库数据整合后的矩阵图

除了以上将客户行为加以区分之外，一些数据库还要区分硬链接和软链接。就很多组织来说，对消费者的深入了解是数据的链接方式所产生的结果。

所谓硬链接是指，可以实际匹配各种数据的活动，例如匹配客户的购买记录与第三方的人口统计数据；软链接是指，那些依靠人为介入或运作来确保成功的活动，如客户剖析、客户评分和数据搜集的样本设计等。所有这些方楼都依赖于个人设计或开发各种模型以及算法的技巧与能力。

这些技术上的操作完成之后，公司便可以根据所得到客户的情况来建立相应数据库。把这些数据都输入库中，加以分门别类，就会形成满足自己公司需要的客户资料库。对于整合营销传播管理者来说，最重要的策略性输出是客户与潜在客户的细分或归类集中。集中了客户与潜在客户后，就可以进行信息传递和服务履行了。

目标导向细分社区成员

不要试图让所有人对你满意，不要试图让所有的消费者都对你的品牌满意。即使是可口可乐、中国移动这样的“大”品牌，也会有人对它嗤之以鼻。做品牌，需要回答的第一个问题是：你的消费者在哪里？

每个品牌都有消费者希望能够在一定程度上参与的活动，有人喜欢对你讲述他们对于品牌的看法；有人希望公开表达自己的想法；还有很多人只是为了得到优惠而参与其中。企业要理解所有这些细分的消费者，确保让每一种类型的消费者都发挥出最大的价值。

所谓心理细分就是根据消费者所处的社会阶层、生活方式及个性特征对消费者加以细分，在同一地理细分市场中的人可能显示出迥然不同的心理特征，企业要按照消费者的心理特征来细分消费者市场。心理因素十分复杂，包括生活方式、个性、购买动机、价值取向，以及对商品供求局势和销售方式的感应度等。

不要试图让所有的人对你满意，也不要试图让所有的消费者都对你的品牌满意。即使是可口可乐、中国移动这样的“大”品牌，也会有人对它嗤之以鼻。做品牌，需要回答的第一个问题是：你的消费者在哪里？

从营销层面来看，消费者细分可以让企业更好地了解消费者的不同需求。同样是鞋，有些人看重时尚，有些人在乎舒适，有些人则对价格更为挑剔。市场细分为企业提供了许多宝贵信息，有助于确立品牌策略、营销策略和资源配置方式；它还可以告诉你创新应该从哪些方面发展，并且帮助企业界定竞争范畴。从品牌层面来看，消费者细分可以更好地了解消费者的心理与行为，一方面可以进行更有效的内容沟通，另一方面也可以选择更有效的途径、媒介，节省沟通费用。

出于不同的目的，消费者的细分方法也有许多种：既有从营销层来看，偏重于直接的购买行为分析的，也有偏重于品牌层面，从认知等角度来进行细分。虽然从品牌层面来说，认知层面更贴近，但是营销层面的细分对品牌也有着重大的参考价值。在品牌建设过程中，企业要根据自己的目标考虑不同的细分方法。

1. 传统的市场细分方法

在传统的市场细分方法中，有一个重要的依据，那就是“需求”。（细分市场既不是产品分类，也不是地域分类。没有所谓的法国市场、日本市场或意大利市场）同时，必须把握一个核心概念，即共同特征，也就是说在一个细分市场中，消费者具有某种基本本性，他们对产品或品牌有大致的反应。

在实践当中，市场细分有两种思维模式：一种是逻辑细分，先假设判断，再一步步推演。一般在小型策划和营销判断中常用。比如，可以假设男性和女性对饮料的需求是不同的，女性需要减少热量，男性则需要增加能量。另一种是经验细分，是在基于市场调研得出的数据上，直接按消费者可追求的利益点的差别及其所追求的生活方式的差别进行细分。

（1）动机型细分市场——为什么

动机型市场细分，专注于了解具体的需求，包括功能性的和情感性的，需要集中去了解消费者为什么会有现在的行为模式。比如，对于一种防晒乳液来说，它的动机型市场细分可以是这样的：只要晒出深褐色肌肤的人；想要自然晒黑，还喜欢进行户外运动的人；担心日晒会造成皮肤干燥、脱皮的人；担心皮肤癌，想要最全面保护的人。

（2）对象型市场细分——谁

对象型市场细分可以帮助我们从人口统计学、生活方式、行业方式和价值观方面来了解需求的细分。比如，年龄细分就是一个最常用的，也最有效的方式，达芙妮的 D18 和 D28 采用的便是这种策略。

18 岁的女性和 28 岁的女性对鞋子的价格、款式、风格需求是不同的。而不同年龄的女性在价值观上也不同。为此，达芙妮在销售 D18 和 D28 时，便将其分开，在不同的店内销售。

不同的商品，店面的装修风格、产品设计、价格等也各不相同，并且请来的代言人也不相同：D18 的代言人为 SHE（一个演唱组合），而 D28 的代言人则选择了更为知性的刘若英。如果说达芙妮 D18 是个可爱迷人、无忧无虑的女孩，那么 D28 则是位性感、妩媚、智慧、灵性的成熟女人。D28 系列传达的是一种成熟女性典雅端庄的气息。

（3）环境型市场细分

在不同的消费情境下，人们会有不同的消费需求，这是环境型市场细分的事实基础。有时候，随着周围环境的变化，顾客所需的价值也会发生变化。

你什么时候吃饼干？例如，早晨当早饭；上午当点心；下午 3 时，和咖啡一起享用；晚饭后的零食；旅游时、春游时，和朋友一起分享；喝牛奶时；心情不好时。

华美食品推出了一种粗粮饼干——牛奶搭档，这种饼干中的小麦粉、麸皮、燕麦经现代高科技手段加工后，既富含大量的食用粗纤维，又能更好地促进牛奶中蛋白质和多种维生素的吸收。在推广策划过程中，企业抓住了消费者喝牛奶时的特征，借力牛奶，推出了“牛奶搭档”的概念。

2. 品牌动力学

对企业来说，销售和利润永远是最为核心和最为根本的。打造品牌的目的也是为了持续地获得营利性的增长，企业希望获得更多的顾客、更频繁的光顾、更高的利润。所以，对于一个品牌来说，所有的消费者可以分为3类，如表5所示：

表5　消费者的类别

类　别	说　明
购买该品牌的消费者	这一部分消费者，又可以分为两类：一类是该品牌的忠实消费者，只买该品牌，不买其他的；另一类是游离者，没有品牌忠诚度，选购的时候更多的是随着价格和促销而定
购买竞争对手产品的消费者	这一类消费者也可以分为两类：一类是竞争对手的忠实消费者；另一类是游离者。此类游离者和第一类的游离者基本上是同一批人
不买这一品类的消费者	不买这一品类的消费者不代表永远不会买，其不买的原因可能是因为并不知道这类产品的存在，或者是不知道这类产品能满足他什么样的需求，抑或不知道这类产品能更好地取代他现在使用的某类产品

由表5可知，对于企业来说，要想进一步提升市场销售额，可以采取3种方法：第一，让购买该品牌的消费者买得更多；第二，从竞争对手处抢夺部分消费者；第三，让不买这一品牌的消费者产生购买。

为了提高销售额，具体来说企业可以采取以下6种方法。

（1）提高忠诚消费者的消费次数

为了让喜欢吃肯德基的人，由一个月消费一次变成一个星期一次，肯德基使用了优惠券。事实证明，这是一个很不错的方法。

（2）提高忠诚消费者的消费量

如何提高消费者每次使用时的用量？可以看看牙膏中的广告——挤出

一长条牙膏在牙刷上，不仅可以凸显产品，还能够增加用量。

(3) 提高销售价格

不是所有的企业都可以提高消费次数。比如，对于管道企业来说，消费者只会在装修的时候用到水管，要想让消费者多买几次水管，只能让他多买几套房。不过，管道企业可管不了消费者的购房次数。所以，对于管道企业来说，要想获取更高的利润，只能提高销售价格，做好服务。

(4) 提升忠诚度

要让游离者变成品牌的忠实消费者，是有一定的难度的。这类消费者本身就缺乏忠诚度，价格在其购买行为中占了重要因素。除非企业在产品创新等方面做出重大突破，才有可能重新获得这一部分消费者的喜爱。

(5) 转变成该品牌的忠诚消费者

要让竞争对手的忠诚消费者转而购买你的产品，难度比较大，特别是在品牌影响力都比较强大的时候，往往只能等待竞争对手自己的失误。企业要抓住机会，从而实现销售的飞跃。

(6) 让不买这一品类的消费者购买该品牌

消费者之所以不买某一品类，有不同的原因，企业要把原因弄明白。对于企业来说，不仅要做品牌的宣传推广，还必须让自己成为某一品类的代名词。

其实，品牌动力学也可以说是一种传统的细分方法，因为它是以消费者的购买行为进行分类的。所以，总的来说，可以用4类变量来细分消费者：第一类是人口统计变量，第二类是社会心理变量，第三类是产品使用变量，第四类是购买决策过程变量。

由于产品性质的不同，每一个产品的消费者变量和细分都会有所不同。所以，对于企业来说，如何结合自己的产品市场特征及竞争态势来考虑不同的消费者细分，就显得非常重要了。

3. 品牌的市场细分

品牌影响消费者的认知和忠诚，从品牌角度来对企业进行市场细分，会在消费者的购买要素和购买行为上再添加品牌认知的成分。也就是说，品牌忠诚度就像一个阶梯：人们对一个品牌的热衷程度是不同的，从最低的到最高的，逐级走向更高的品牌忠诚度。

（1）普通商品

位于这一档次的品牌通常在顾客考虑的范围之内。这些品牌在顾客看来都是一样的，他们喜欢这些品牌，但是看不出有什么重要的差异性。价格和方便程度才是区别他们的关键。

（2）位列三甲

这些品牌位于消费者为数不多的选项中，通常是他们最先考虑的 3 个品牌之一。

（3）优先考虑

顾客会优先考虑这个品牌而不是其他牌子，该品牌是他们最喜爱的选择。

（4）极度热爱

处于这一档次的品牌会受到顾客的极度青睐，即使他们选择第二选项的成本会低一些。这些顾客也会再次光顾，并且还会向他们的朋友推荐这个品牌。

一旦建立起了品牌偏爱，就会把顾客从较低的品牌忠诚度阶梯推向较高的层次，当消费者的忠诚度逐渐提高时，他们不仅会购买你的产品，而且也不会介意你比竞争对手的价格高；甚至当品牌进一步上升为一种文化和价值观的时候，他们还会主动聚成一个品牌部落；而当品牌成为一种宗教时，品牌也就具有了法师般“呼风唤雨”的能力。

有效互动筛选高端人群

高端互动媒体有着传统媒体难以比拟的优势，俨然已经成为高端品牌的时下新宠。比如：拥有更高端的用户群，拥有强大的网络数据库，表现方式更丰富，能与高端消费者有效互动等。

虽然每个细分的消费者群都很重要，但是营销人员需要迎合的最重要的消费者群很可能未得到周到的服务。Facebook、Twitter 和电子邮件营销适合于给大众发送信息，但是却无法给那些希望深度参与品牌活动的人提供机会。

绝大多数的高端消费者都是“空中飞人”，他们出差或旅游一般都会选用飞机。他们在机场逗留的时间较长，能有效关注到各种航空媒体信息。这些媒体形式多样，如飞机场的户外广告牌、室内灯箱、吊牌、行李推车，飞机上的航空杂志、座椅广告位，还有登机牌、机票套等。此外，高端人群经常会开车穿梭在高速公路上，因而在一二线城市的高速公路或者机场高速出入口，经常是高端品牌投放广告的位置。

高端互动媒体有着传统媒体难以比拟的优势，俨然已经成为高端品牌的时下新宠。比如：高端互动媒体拥有更高端的用户群，强大的网络数据库可以精准定位，表现方式更丰富，能与高端消费者有效互动，提高广告的有效到达率。

目前，不少高端品牌纷纷重视高端互动媒体运用，欧米茄就集中在几个高端的门户网站，配以动态的富媒体广告形式，发布 TVC（超级转霸）。兰蔻也与广告网络平台展开了合作，兰蔻小黑瓶“聚万滴”活动赢得了几十万人的关注。

1935 年，一朵含苞欲放的玫瑰在法国诞生，它就是来自法国中部鲁瓦卡河畔兰可思慕城堡的化妆品品牌——兰蔻。彩妆大师阿曼达·珀蒂做了一个华美的梦，梦的开端有一席厚厚的玫瑰铺就的地毯，因此，玫瑰成了兰蔻典型的标志。

作为领先的高端化妆品品牌，继 2004 年网络互动游戏《爱情玫瑰让昨日重来》成功之后，兰蔻看到了互联网的潜力，不惜重金投入网络营销，从社会化网络媒体到网络视频，造就了兰蔻今天在网络上的盛放。

2010 年上半年兰蔻推出了优质礼盒套装——兰蔻小黑瓶“精华肌底液”，希望借助网络优势覆盖全国各级市场，在线完成订单和销售。该产品面对的人群是全国范围内 25 ~45 岁的女性网民，一般都具有高等学历及高收入。因为该品牌和人群的特殊性，在传播过程中至少需要突破 3 个难题。

难题一，在兰蔻官网流量和用户相对稳定的情况下，如何更好、更快地吸引新的用户尝试网络购买，在销售总量上取得几何式突破？

难题二，高端品牌相对人群受众较少，常规 CPD（广告合作的一种方式）、CPM（一种媒体排期表送达成本计算单位）式大面积网络投放，会造成很大的浪费和低水平的 ROI（投资回报率），面对细分高端人群的精准定向如何实现？

难题三，在电子商务以销售为目标的状况下，大多数电商习惯于低价促销疯抢，如何兼顾兰蔻品牌形象，不在创意上表现“打折”“低价”等敏感信息而又吸引消费者的眼球，达到广告销售的最终效果?

为了使产品迅速在用户群中传播开，兰蔻选择了以便捷、迅速、互动性强为主要特征的瑞丽新媒体作为传播的主要平台。首先，在瑞丽女性网的平台上，通过社区发炒作帖，从不同的角度来告诉受众基因保养这个概念，例如，懒人护肤法、新娘美妆、代购等，另外还让其他媒体转载瑞丽的帖子，增大了曝光率。通过网络炒作的预热，积累了受众对产品的期待与饥渴，为正式进行广告推广做了很好的铺垫。

同时，以瑞丽期刊群为辅助性平台，构思了多种创意性的传播机制，比如，利用街头采访的趣味视频吸引关注，并鼓励网友转发；邀请网友创新，并分享新鲜有趣的使用方法；邀请朋友为自己“滴瓶子”，赢得产品使用机会等。所有的创意性传播最终都被引到至官方购买网站，加入“小黑瓶”的订购名单。

“滴瓶子”凭借其简单、参与性强等特点，以网友之间自发的一传十、十传百的病毒式传播速度，仅在活动开始前3天便聚集了超过1万多名的注册用户，这个队伍在后续活动中不断增长壮大。3周内，有7万多网友为申领“小黑瓶”在www.future - skincare.com网站上进行了注册，将近4万份产品试用装被网友申领一空。其中，排名第一的网友共邀请了2万多名好友为自己“滴瓶子”!

截至活动开始第50天，官网完成了2万瓶价值780元人民币的“小黑瓶”的订购纪录。在得到广大网友口口相传的基础上，兰蔻进一步收集网友的使用反馈，并将这一部分网友进一步吸引至产品官方网站，进行更深度的品牌互动，超过3万名网友在网站上写下了“钟爱小黑瓶的N条理由”。

瑞丽杂志为配合线上万人抢购申领“小黑瓶”的盛况，进行了多角度的创意性策划和报道，并附以关于基因话题的热议、海外基因话题风潮等的内容，如《兰蔻“小黑瓶”效果真神奇，在哪里能买到它》《国外美肤最前沿人气 No. 1 的神奇“小黑瓶”》等，这就对热爱时尚、关注潮流的瑞丽读者群体产生了强大的宣传效果和号召力，使更多的读者加入了万人申领和在线订购的队伍。线上、线下的内容真正成为了 360 度互动的整体。

本次活动利用瑞丽女性整合营销、跨媒体有机互动获得了非常成功的口碑传播。整个过程以新媒体为前奏来完成病毒式传播，继而以平面期刊群为主舞台来塑造产品形象，再由平面杂志回到互联网进行深度互动，靠着中间各种各样的联系完成了不同媒体受众的相互转换，并通过一系列线上、线下的体验将用户最终吸引至官网购买平台。

此次产品推广高潮迭起，帮助数万名读者完成了“听说—认知—传播—体验—决定购买—分享”的通路，使“小黑瓶”在瑞丽读者中不断保持可见度和话题热度。

消费者贡献的数据化和货币化

> 如今，品牌竞争激烈而残酷，谁失去了消费者，谁就将失去市场，失去生存空间！企业只有不断地进行技术创新，努力提高产品和服务质量，才能在激烈的市场竞争中获胜。

品牌虽然不必经常采取各种激励措施，但是对消费者表达感激是必要的。请务必时不时地向消费者提供各种优惠和回报，以感谢他们对你品牌的支持!

1. 什么是消费者资源

消费者购买市场中的产品或者服务，与企业家形成了一种相互依靠的关系，如今很多企业家已经开始重视消费者，把消费者当作企业的一笔重要资源。和土地、劳动、技术、资本等生产要素一样，消费者能为企业创造价值；同时，企业只有最大限度地利用这些资源，才能达到双方的效用最大化。

2. 消费者资源包括什么

消费者资源反映了消费者满足其需要的能力，它主要包括经济资源、时间资源和消费者的知识资源。

消费者的经济资源包括：收入、财产、信贷。消费者的时间分割为工作时间、非自由处置时间、休闲时间。消费者的经济资源既是有限的，在不同消费者中的分配又是不均衡的，有的消费者缺乏收入、财产等经济资源，而另外一些消费者则更多地受时间资源的约束。当资源的差异最终反映在消费者的行为上时，在购买产品和服务时，就会跟企业的利润产生直接联系。

3. 消费者资源的作用

消费者是企业利润的源泉，这个道理很简单，有了消费者，才有市场，才能为企业带来利润。因为钱就装在消费者的口袋里。消费者购买的产品越多，为企业带来的利润就越高。为了强化消费者对品牌的忠诚度，很多企业都付出了更多努力来培育消费者对品牌的情感。

消费者的消费倾向、消费变化会驱动企业经营战略的调整和发展，企业在制定经营战略时，必须把消费者作为一种推动力量和战略资源来考虑。消费者在驱动企业提高产品和服务质量方面发挥着重要的作用，他们既是使用者也是影响者；既是决策者，也是批评者，更是购买者和“看门人”，他们还可以成为观念和创新精神的缔造者。

如今，品牌竞争激烈而残酷，谁失去了消费者，谁就将失去市场，失去生存空间！企业只有不断地进行技术创新，努力提高产品和服务质量，才能在激烈的市场竞争中获胜。

现在，质量问题不但受到了众多企业的普遍重视，而且被提到国家发展战略的高度上来了。在欧洲以及美、日等国，为了鼓励企业提高产品和服务质量，都设立了各种质量奖，比如欧洲质量奖，“顾客满意度”要求超过 1000 点 200 分。在他们的体系中，“顾客”被定义为“企业最直接的客户”，他们分布于企业生产产品和服务的整个链条中。其“顾客满意”评估包括：满足产品或特定服务的能力、传递业绩和销售或技术支持、满足顾客需求的反应和灵活性、资产价值、重新订货和复买、顾客投诉和处理等。

企业的市场开拓是在消费者的基础上进行的，如果没有消费者人数的增长和忠诚度的提高，市场开拓也会变得毫无意义。因此，企业不仅要研究消费者的特点，还要研究品牌之间的关系，选择正确的开拓策略。即使投入巨大的营销资源做广告，建立分销网络，推行代理制，实行区域一体化，如果忽视了消费者这个基础，也会收效甚微。

作为一种重要的资源，消费者一共有两个维度，即数量和质量。

①数量反映了消费者的规模。一个品牌拥有的消费者越多，说明其市场占有率越高。

②质量主要是指消费者的忠诚度。按照新的经济观点，维持现有消费者比开发潜在的消费市场意义更大。企业应采取各种可能的办法，留住现有的顾客，增强他们的忠诚度，提高他们的复买率，从而最大限度地挖掘他们的潜力。

4. 企业与消费者应该形成良好的关系

如今，产品销售已经不是单纯的物钱交换，在交换过程中，也会建立一种品牌与消费者之间的关系。过去只销售产品，而不重视关系。现在大不一样了，销售产品只是一个开端，建立并维持良好的互动关系才是目标，而且应作为企业的战略目标。品牌和消费者的关系是一笔无形资产，价值无法估量，要成为密切的“战略伙伴关系”。如何听取和处理顾客的意见反映了企业建立与消费者关系的水平，高明的企业不仅会重视消费者，还善于倾听来自消费者的声音。

这种声音可能是悦耳的，也可能是刺耳的。即使是抱怨，也会向企业传递出一种信息。有时，顾客的抱怨越强烈，可能价值越大。企业要给顾客满意的答案和回应，使顾客在心理能量的释放中增加对企业的好感和信任。这一类事情处理得好，更有利于品牌形象的树立；处理得不好，品牌在消费者心目中的形象就化为乌有，顾客资源也会流失。

测试并运用新技术新平台

> 通过学习，企业领导者可以更清醒地认识到自己所面临的行业和市场现状；更能充分地意识到自己的不足和缺陷；更能进一步意识到改变自己的急迫性和重要性。

在社交时代，营销过程与技术开发具有更多共同的地方，需要营销人员不断测试新的平台和技术，以确保能够学习和提出新的可行方案。社交营销与传统广告不同，无论人们如何保持专注和关注细节，他们都不可能在社交营销方面做到完全正确。因此，营销人员需要不断地学习，快速地学习。

学习的最大好处就是，通过学习别人的经验和知识，大幅度地缩短一个人的犯错和摸索的时间，更快速地走向成功。

有个年轻人来到了小河边，看到3个年老的长者在河边垂钓。过了一会儿，一个老者站起身来，说："我要到对岸去。"于是，老者蜻蜓点水般在水面上飞快地点了几下，就过去了。年轻人感到很惊讶。

过了一会儿，又有个老者也像前面那位一样飞了过去，年轻人看呆了。又过了一会，第三个老者也起身从水面过去了。

年轻人认为自己是遇上了神仙，决定要拜他们为师。年轻人也试图像3个老者一样蜻蜓点水而过，可是，"扑腾"一声掉到了水里。

老者合力把年轻人救起来，问他为什么掉到了水里。年轻人把他的想法说了出来。3个老者听了，哈哈大笑："年轻人，我们在这条河上走了几十年了，对河里的每一块石头都非常熟悉，因此可以轻松地过河。你不熟悉，自然会掉到水里！"

这个故事告诉我们，顶尖的销售员都是注重学习的高手！要通过学习培养自己的能力，让学习成为自己的习惯，因为成功本身是一种习惯和能力。成功的销售员都是不断地通过学习超越着自己。

市场不相信眼泪，面对市场动荡以及随时随地地市场竞争，企业必须有一种危机意识，必须要有一种主动蜕变的眼光与勇气。企业要想实现"凤凰涅槃"，寻求自我蜕变，自我升华，就必须进行学习。通过学习，企业领导者可以更清醒地认识到自己所面临的行业和市场现状，更能充分地意识到自己的不足和缺陷，更能进一步意识到改变自己的急迫性和重要性。其实，领导者的学习力基本上代表了企业的竞争力！有什么样的学习意念，就决定了企业有什么样的竞争力！

1. 始终保持一颗学习的心

你可以放弃学习，但竞争对手不会。海尔总裁张瑞敏说过："市场不变的法则是永远在变"；而韩国三星集团的会长李健熙说得更妙："除了老婆和孩子，一切都要变。"因此，对于企业来讲，能够让自己保持与时俱进的唯一方法，就是不断地学习。未来的市场属于会学习、有头脑的人，因此，始终保持一颗学习的心是企业头等要务。那么，如何来学习呢？

（1）俯下身子

学习是一种美德，要从骨子里面去认识学习的重要性，要认识到它对自己未来发展的重要意义。

（2）放下面子

俗话说得好，"三人行，必有我师。"保持一颗学习的心，会让自己永葆青春。要勇于学习先进的营销思潮，随时随地向比自己有专长的人学习。

2. 让学习成为一种行为习惯

思想决定行为，行为决定习惯，习惯决定命运！一个好的学习习惯，会让企业受益终生。现在的市场变化很快，处在变革的年代，不学习就意味着落后，不学习就意味着停滞。因此，要想不被淘汰，就必须时刻牢记学习、学习、再学习，并把学习当成一种内在的行为习惯。

（1）随时随地地学习

近年来，很多企业都订有行业杂志或者报纸，这是一种不错的学习投资，但不能把它作为一种摆设，要真正地潜心去学，随时随地地学，并学会学以致用。

（2）多向身边的人学习

销售型企业要多向厂家的人员学习，要多向厂家优秀的销售经理、销售总监、其他部门的专业人员学习，学习他们专业化、规范化、体系化的一面，把他们作为自己的外脑来使用，不仅要虚心地向他们学习，赢得他们的信赖和好感；而且还可以借力使力，让其帮助自己提升策划市场、管理下游渠道、提高自己的营销人员的操作技能；从而提高自己企业的核心竞争力。

（3）多与高手过招

你想成为一个什么样的人，就要与什么样的人打交道。不断地与比自己做得大、做得强的成功人士打交道，你就会变得更加强大、更加成功。比如，经常参加一些营销论坛，与专家们交手；去一些高等院校读 MBA（工商管理硕士）或者总裁班，或者参加一些管理、领导力等的课程，实现与高手的面对面地交流与沟通，可以让自己积累人脉与商脉，可以让自己能够与大师对话，让自己获得更快的成长与进步。

3. 让学习力成为发展的引擎

作为一个有潜力的企业，还应该把学习当成自己发展的引擎，时时让学习到的知识与技能转化为生产力，从而指导自己发展与前进。具体方法如表 6 所示：

表 6　　让知识与技能转化为生产力的方法

方　法	说　明
建立学习型组织	企业管理者自己善于学习、巧于学习还不够，还要引导下属人员也能够参与进来，大家一起来学习，从而建立学习型组织，通过提高团队人员素质，提升操作市场的水平与能力，不断地把市场做大、做强

续 表

方　法	说　明
营造学习氛围，不断地实施内在驱动	要通过给下属员工报销书籍费用、派出去进修或者培训学习，对下属职业生涯进行规划并及时通过正负激励考核的方式，引导一种学习的好风尚，让团队成员人人都学习，人人爱学习，提升团队战斗力、威慑力、爆发力
规范和提升市场操作能力、管理能力	要倡导团队市场创新，鼓励自己的人员勇于尝试，把学习到的知识与技能能够淋漓尽致地发挥出来，通过提升市场操作能力，提高管理的水平，让自己的市场进入良性运转

第六章
引爆关注的信息设置与选择

借势社会热点，平移影响力

> 互联网时代，企业可以借助互联网去开展一系列的“热点营销”，将企业所要传达的信息借助热点在互联网上被热炒，并形成一种“滚雪球”的传播效应，让企业以最小的投入成本，赢取最大的回报收益。

热点营销其实就是一种“借势营销”，是指企业及时地抓住广受关注的社会新闻、事件以及人物的明星效应等，结合企业或产品而展开的一系列相关活动。从营销的角度来说，是通过一个优质的外部环境来构建良好的营销环境，实现企业的推广目的。

互联网时代，企业可以借助互联网去开展一系列的“热点营销”，将企业所要传达的信息借助热点在互联网上被热炒，并形成一种“滚雪球”的传播效应，让企业以最小的投入成本，赢取最大的回报收益。

每天都有热门事件发生，并且总有一些会成为全民瞩目的焦点。企业要懂得顺应大环境，通过借势“热门事件”而造势。如果“大事发生时我在”，就会为企业节省很多精力和成本。对于一些大企业来说，当新闻热点事件出现的时候，他们会抓住塑造品牌的绝佳机会；可是，很多中小企业却放弃了这样的机会，因为他们往往会认为自己心有余而力不足。

其实，营销的机会无处不在，关键在于企业是不是可以另辟蹊径！只要小企业的方法得当，构思巧妙，所产生的效果丝毫不会逊色于那些资金雄厚的大企业。那么如何利用事件来进行营销呢？下面我们通过一个精彩案例为大家解析“热点营销”的五大原则和方法。

美国总统克林顿曾经携第一夫人希拉里到日本进行国事访问，行程中安排希拉里前往京都大学进行演讲。当天，风比较大，演讲在一个露天广场举行。在演讲中，希拉里的裙子不时地被风扬起，很多人都在现场拍摄了照片。有一个人在冲洗照片时发现，有一张竟然可以清晰地看到第一夫人裙内的内裤。

这无疑会是个爆炸性的新闻！但如何利用这个新闻获取更大的价值，是接下来最重要的问题。如果新闻热点事件不能与自己的产品有效嫁接，也就失去了营销的价值。也就是说，只有美国第一夫人“走光”的内裤，是自己公司的产品，这张照片才能产生价值。

当时，拍下这张照片的人叫植田二郎。他立刻联系了一家本土的内裤生产厂家三木，并向他要了一个厂家的LOGO（标志、商标），通过技术处理将LOGO巧妙地洗印上了照片，然后连夜赶写了一个题为“第一夫人春光泄漏，珍贵内衣钟情三木”的图片新闻。并在第二天将此新闻刊登在了头版头条。

一时间各大报刊、杂志和电视广播媒体争相转播刊发，希拉里春光泄漏与三木内衣的新闻在全日本迅猛传播。这一连串的事件自然成为人们热衷于口的街谈巷议，如此巧妙的事件杠杆，立刻就将原本并不出名的三木内衣品牌与美国第一夫人联系了起来。这等于是请了第一夫人做了品牌形象代言，而且是完全免费的！

当希拉里看到这篇报道时，虽然很生气，但无处发火。她知道，这个图片是真的，三木内衣是假的，是三木厂家利用自己进行商业炒作。可是，虽然她火气极大，但没有提出任何司法诉讼，因为她和臣僚们都非常清楚，如果对此事进行追究，更会上了人家的当。因为这样做，会让事件越描越黑，新闻会越吵越大，这对自己一点好处都没有，反而会给三木厂家带来更多的商业利益。

第一夫人只得听之任之。而三木内衣也因为与第一夫人之间的关系所形成的营销风暴而一举扬名，并畅销日本。

在这一系列的营销事件中，囊括了事件营销的主要方法。

1. 要有公众可参与的“事件”

“超级女声”为什么能够轰动全国，因为决赛时全国有接近 1/3 的人都在收看，不少人都在通过拇指互动，有的还动员亲友参与其中。其实，事件营销在娱乐大众的时候也娱乐着自己，所以如果要起到显著的效果，首先要有公众可参与的“事件”。在此前提下如果能够很好地策划，利用某一事件来激发起人们的好奇心理，必然会收到良好的市场促销效果。

对于新闻热点营销来说，影响的范围越大，效果就会越好。所谓“热门事件”就是最近发生的，具有一定影响力的，能够吸引人关注的，有一定的波及范围和代表性意义的事件。百度给出的释义有以下 4 点：比喻兴盛的、吸引人注意力的事物，指能吸引许多人的事物，形容事物受众人关注、欢迎等，比喻时兴的引人注目或吸引人的事物。无论是那一点释义，都包含吸引人这一要素，由此可见，“吸引人”是热门事件的一大特性。

2. 要学会有效“嫁接”

社会上每天都会发生很多大大小小的事，每一件事都有可能成为新闻，这就要看观察者的新闻挖掘能力了。一次成功的新闻事件营销有时需要机遇，但更重要的就是观察力和想象力。找到新闻热点后，就要想办法将公司和产品或者概念嵌入到新闻之中；如果能够嵌入得不露痕迹，便能达到借势传播的效果。脑白金在这一点上做得是比较成功的！

当时，克隆技术是被大家炒得沸沸扬扬的新闻热点，脑白金巧妙地利用了这个新闻点，并且把脑白金技术巧妙地嵌入进去，写出了《生物技术的两大突破》这篇文章，把脑白金技术和克隆技术相提并论。由于嵌入巧妙，刚刊登出来的时候被很多人误解为新闻。传播效果相当好，甚至其他报社还当作科技新闻进行了全文转载，起到了出乎意料的传播效果。

3. 寻找沟通兴奋点，与关注者互动起来

世界杯期间，各大门户网站竞相互动，新浪网别出心裁，利用"围观世界杯"吸引了更多网友的关注，数以万计的微博实时评论，24 小时全天候刷新，异常火爆。

东风日产针对世界杯主题开展的落地活动可谓别具一格。他们从 32 位球迷消费者中选拔出 8 位选手，历经近乎残酷的"激战"后，最终两位选手脱颖而出，成为南非世界杯"超级球迷"。这两人获得了 10 万元月薪，可谓"史上最牛兼职记者"。

10 万元兼职月薪成为了这场营销事件的噱头，不管人们怎么评论，最起码让众人知道和记住了这个汽车品牌。这种营销战术对品牌知名度的提高意义是比较深远的。

很多的事件都是需要自己精心策划后再执行的，而事件营销策划必须与自身的宣传目的密切联系。一些大事件总能引起社会关注和公众的兴趣，只要找到合适的切入点，巧妙地把企业、产物和事件结合起来，然后尽量让消费者自发参与进去，通过沟通创造出事件之外的真正价值。

实践证明，一种能吸引消费者参与互动的营销方式，往往会取得较好的回报。

4. 在短时间内整合各种资源

一般来说，新闻热点持续的时间都不会很长，时效性也是新闻热点的一个壁垒，过了一段时间之后关注程度普遍会呈下降趋势。比如，在汶川地震时，很多企业都捐钱捐物，除了在第二天的报纸或电视上报道了一下之后就没有动静了。这能称之为新闻营销吗？我们虽然尊敬这些企业家的无私奉献精神，但从营销角度上来说不能不说是一次失败。而王老吉却利用捐款一个亿进行了炒作，让王老吉这个品牌家喻户晓，成就了王老吉的美誉度；同时也让王老吉的销售量一路攀高。

傍名人近大款

> “山不在高，有仙则名；水不在深，有龙则灵。”像这种利用名人效应来进行广告宣传的营销手法确实能产生很大的作用。

利用名人效应进行广告宣传的营销手法，是最普通也是最有效的营销手段，被商家们屡试不爽。这种方式确实能产生意想不到的影响，特别适合那些小店或刚创业的企业。

20 世纪 70 年代，一位名叫罗斯的犹太人在耶路撒冷开了一家叫“芬克斯”的酒吧，由于罗斯经营有方，原本一个极其普通的酒吧很快就变成了各国记者喜欢停留的地方，这个酒吧一跃而成为世界著名酒吧。当然“芬克斯”酒吧之所以能够扬名世界，与美国前国务卿基辛格的两次被拒是分不开的。

美国国务卿基辛格到耶路撒冷国事访问期间，在他的私人时间里想去“芬克斯”酒吧打发时间，于是基辛格亲自打电话预约。酒吧老板罗斯接到了这个电话，基辛格自我介绍后说：“我有10个随从一同前往，到时请谢绝其他顾客。”但是，罗斯却很客气地回绝了基辛格：“你能光顾本店，实感荣幸。但我绝不能将其他人拒之门外。他们大多是熟客，也是支持本店的人。”基辛格很不高兴地挂断了电话。

基辛格不甘心，第二天又打电话预约。基辛格先对前一天的失礼表示歉意，然后说，这次只需定一桌，不会影响其他客人。没想到罗斯又一次拒绝了他：“非常感谢你，但我仍不能接受你的预约。因为明天是星期日，本店休息。”基辛格问：“我后天就要离开这里了，你不能为我破例吗?”老板罗斯回答说：“不行！身为犹太人的后裔，星期日是个神圣的日子。”基辛格只好作罢。

基辛格在耶路撒冷遭冷遇被世界各地的报刊披露之后，“芬克斯”酒吧的知名度在世界范围内大增。

“芬克斯”酒吧通过婉拒基辛格，利用“名人效应”，成功地进行了广告宣传。“山不在高，有仙则名；水不在深，有龙则灵。”像这种利用名人效应来进行广告宣传的营销手法确实能产生很重要的作用。其实，这样的例子在我们身边有很多。

1. 鲁迅与普洱茶

2004年2月8日，由鲁迅和夫人许广平共同珍藏数十年的清宫普洱茶砖亮相广州，并同时举行“百年清宫普洱茶砖”首场拍卖活动。

竞投者曾先生最终以1.2万元投得3克清宫普洱茶，并高呼“值得”。此后，普洱茶价格一路飙升，各种拍卖活动层出不穷，直至2007年4月达到顶点。

2. 张国立与普洱茶

据说，影视明星张国立2003年在云南拍戏时接触了普洱茶，此后便一发不可收拾，收藏普洱茶竟达60吨之多。张国立不仅自己喜欢普洱茶，还在拍戏之余大力推广普洱茶，他所到的剧组纷纷喝普洱茶。张国立还拍卖普洱茶捐资助学，并第一个认养了古茶树。之后，张国立与普洱茶的故事被搬上了各种媒体，成为了当时大家津津乐道的事件，影响了千万人！

3. 马云、李连杰与普洱茶

2013年6月12日李连杰在微博上放了一张普洱茶图片，写了一句话：“一百零八年的普洱”。这句话很快成为业内热议的焦点，获得了极高的关注。随后，马云和李连杰考察景迈山，在柏联普洱茶庄园压制太极禅普洱茶饼的图片在微信、微博和各种新媒体上得到疯传。

马云和李连杰的景迈山之行，给迷茫中的普洱茶注入了强心剂，以其二人的身份和地位，给普洱茶行业带来了巨大的提升。

4. 星云大师与普洱茶

2013年12月15日到18日，佛教界泰斗星云大师一行来到昆明，他不仅在云南大学做了“看见梦想的力量”主题演讲，还抽空品尝了柏联普洱茶庄园生产的景迈香生茶和熟茶，给予了极高赞誉。

其实，在普洱茶的营销中，各个时期都有名人的参与，除了上述各位外，著名作家余秋雨老师、著名国学泰斗范曾先生，以及一些政、商界名人均与普洱茶结下不解之缘，同时在普洱茶的市场营销、品牌建设等方面，起到了较大的促进作用。

在移动互联网时代，名人所引起的关注将会在短时间内传遍全国，甚至是全球，这是以往任何媒体都所难以比拟的！

近群众接地气

> 事件营销就是通过把握新闻的规律，制造成具有新闻价值的事件；并通过具体的操作，让这一新闻时间得以传播，从而达到广告的效果，受众面广、突发性强，可以在短时间内使信息达到最大、最优。

新闻的传播有着严格的规律！当一件事发生之后，它本身是否具备新闻价值决定了它能否以口头形式在一定的人群中进行小范围的传播。只要具备的新闻价值足够大，定然可以通过适当的途径被新闻媒体发现，然后以成型的新闻形式来向公众发布。

简单地说，事件营销就是通过把握新闻的规律，制造成具有新闻价值的事件；并通过具体的操作，让这一新闻事件得以传播，从而达到预期的广告效果——受众面广、突发性强，可以在短时间内能使信息达到最大、最优。

如今，随着互联网的迅速发展，在互联网上出现了各种营销方式，比如视频、博客、论坛、SNS、微博、微信等，这也为事件营销带来了很好的辅助营销工具，这也是目前传统行业的电商网站最喜爱的营销工具之一。

1. 有规划地进行事件营销

（1）善于发现话题

事件营销的根本就是能够吸引观众的眼球，比如文件被抄袭事件，可以说是互联网环境的一个缩影。很多站长都遇到过这样的情况，可能很多人已经习惯了，但是换个角度来思考，这样的抄袭行为其实应该是非常不正常的。当然，不论是否正常，只要找到了观众的关注点，就不失为一次事件营销的好话题。

（2）规划营销方案

发现话题后，要迅速做出针对性的反应，也就是要制定相应的营销方案，确定营销目标与实施步骤。从内容上来说，可以写一篇软文。从渠道上来说，可以在微博、帖吧、论坛、QQ 群等地方进行大规模的轰炸。最重要的是，要确定自己角度。

（3）合理进行人员分配

一次事件营销不可能是一个人能够搞定的，需要团队协作配合。提前分配好团队各个成员承担的任务，能够防止营销开始后造成场面混乱。比如微博营销，可以以一个微博为主，再让所有参与者都来转发这个微博，远比大家都使用自己的微博发布同一条信息要好得多。

（4）有效利用人脉资源

人脉是我们平时积累的。企业需要去认识在行业内有影响力的人，借助他们的影响力，企业可以省不少力。各个企业都不缺想法，而是缺少能够帮助实现这些想法的人。

事件营销依赖的是人脉。因此，广泛而长期地助人，企业的“人脉资源”也会由此而如意地被开掘利用。“助人而人助”，在企业开掘利用“人脉资源”去发展和壮大的过程中，定会得到有力地印证。

(5) 适时进行效果监测

事件营销是一项有成本的活动，所以要对营销效果进行监测，检测是否达成预期目标。如果没有达成，可能是哪些环节出了问题；如果达成了目标，就要看看，哪些环节还有被改善可能……这些都是进行二次事件营销的数据来源支持。

2. 事件营销的过程

事件营销的过程，如图 4 所示：

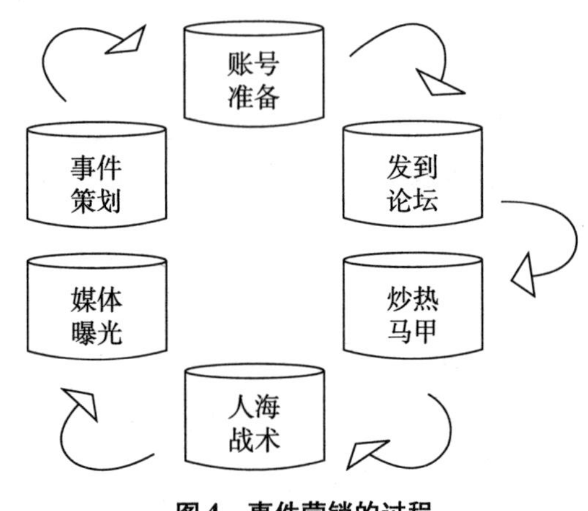

图 4　事件营销的过程

(1) 事件策划

营销人员最主要的工作就是策划事件内容，让帖子在平台上迅速红起来。要想实现这一点，可以借鉴一下那些成功案例，如“王老吉”“二月丫头”“芙蓉姐姐”等，但是不能模仿，要重视诉求和争议，如王老吉就是利用国人的良心、情感做文章，“芙蓉姐姐”就是利用争议做文章；同时，还要考虑在哪个平台上炒作。

（2）账号准备

要想做事件营销就要选择一个好平台，在该平台要有大量的论坛账号；同时，要找人气较大的论坛，比如天涯、百度帖吧等。除此之外，还要准备大量的账号，不同等级的账号要准备300个左右。

当然，如果企业没有时间注册也可以在淘宝上购买，不必自己去注册，省时间最重要，只要花点钱就可以解决问题。

（3）发到论坛

当事件和账号都准备好了之后，就要将内容发布到论坛上。发布的时候，一定要图文并茂。在一些网络上走红的帖子，一般都是图文并茂的，比如“天仙妹妹”“芙蓉姐姐”，这些幕后操作者都会将事先准备好的图片选择好，让帖子有图有真相，让帖子争议最大化，让网民争相回复。

（4）炒热马甲

刚开始发布的帖子的时候，几乎都没有人关心，要利用马甲账号或者自己找人将帖子炒热。

（5）人海战术

将这些炒热事件让人分享到SNS社交网站上，也可以找人做，目前有很多企业采用外包业务的方式。但是，有很大一部分是专业分享账号的，效果不大，因此要选择好操作外包人员。

（6）媒体曝光

当事情已经有了一定的发展时，可以找主流媒体曝光，让信息在互联网上最大限度地曝光。当然，既可以让记者写，也可以自己找人写。

3. 原则

事件营销是现在一些知名企业进行品牌营销的常用手段，并且都取得了不错的效果。因此一些中小型企业也跃跃欲试，希望可以借助事件营销的东风实现企业品牌的飞跃和销售业绩的提升。其实，运用事件营销也是需要注意一些原则的。

（1）相关性原则

所选的“事件”必须与企业具有相关性，便于消费者产生联想，并将对事件的热情转移到企业产品上。企业要为“事件”重新设计企业形象甚至广告诉求，如此才能在营销过程中做到了无痕迹，不至于有牵强附会的嫌疑。

在伊拉克战争期间，统一润滑油配合这一事件量身定做了一则广告，广告语是“多一些润滑，少一些摩擦”。既表达了祈求和平的心声，又能让消费者联想到企业的产品，不仅成为广告史上的经典之作，更让统一当月的销售量比上年同期激增100%。

（2）规律性原则

从某种意义上来说，事件营销就是通过把握新闻传播的规律，制造具有新闻价值的事件；并通过具体的操作，让这一新闻事件得以传播，从而达到广而告之的效果。只有那些重大的、有趣味的，或与老百姓生活相关的事件才会通过媒体得到广泛传播。

有家涂料公司的经理通过现场喝涂料使其产品一举成名，这一事件被国内多家媒体转载，就是因为它满足了人们对新闻趣味性的要求。

另外，新闻还具有时效性。当可以利用的事件发生时，企业要快速做出反应，让营销的效果随着事件同步传播。

（3）风险性原则

事件营销的利益与风险并存，企业不仅要学会取其利，还要知道避其害。生造事件、没事找事的营销，只会沦为炒作，受到消费者唾弃。

有家企业为了制造轰动效应，特意在户外摆放了很多伞，并且安排人将伞拿走，想借此以社会治安为由达到宣传企业的效果。在被媒体揭露以后，惨淡收场，也没有取得设想中的营销效果。

(4) 立体性原则

事件营销需要借助一定的媒介和手段，传播的方式越立体，效果便越显著。企业不光要考虑到媒体，还可以在渠道、终端等现场进行传播。

在“神五”上天之时，印有“中国航天员专用牛奶”标志的蒙牛牛奶便全新登场，与媒体广告配合，形成了一个全面、立体的传播层级。

(5) 系统性原则

事件营销不是一锤子买卖，只有将其系统化、连续化，才能将效果放到最大。

汶川地震时，西门子是第一批参与救援的外资企业之一。后又发动员工捐款，并捐赠了大批医药用品及远程诊断设备。灾后重建期间，他们又向灾区孩子赠送教学工具。这一系列事件通过媒体的传播，确实为西门子带来了不少美誉。

企业在事件营销的过程，对于即发的事件应该有敏锐的触觉和即时的反映，通过有效合理的搭配能够毫无痕迹的借助已发事件产生社会影响。

持续地超越客户期望

超越顾客的期望，他们就会再度光临；而且超越了顾客的期望，不仅能赢得顾客的热情称赞和滚滚财源，还会为企业赢得价值无限的“口碑”，为企业的长远发展奠定坚实的基础。

下面是山姆·沃尔顿在20世纪80年代中期，通过卫星电视和10多万名沃尔玛同人一起发下的誓言。

“现在，我希望你们举起右手——并且记住我们在沃尔玛所发的誓言，记住‘君子一言，驷马难追’——跟着我念：我庄严地承诺和声明，从今以后，每当有顾客走近我身边3米时，我就会微笑，看着他的眼睛，并且招呼他。我敢向山姆发誓。”

沃尔玛所有的策略都是为了满足顾客的需求，老山姆对员工有两条著名的要求，那就是：“太阳下山原则”和“3米微笑原则”。

“太阳下山原则”是指，每个员工都必须在太阳下山之前完成自己当天的任务；而且，如果顾客提出特殊的要求，也必须在太阳下山之前予以满足。尽管沃尔玛各连锁店的生意都非常好，店员非常忙碌，但当天的事情在太阳下山之前必须干完是每个店员必须达到的标准，不管是乡下的连锁店，还是地处闹市的连锁店，只要顾客提出要求，店员就必须在当天满足顾客。

“3米微笑原则”是指，无论何时，只要顾客出现在3米距离范围内，员工都必须面带微笑，看着顾客的眼睛，主动打招呼，同时询问能为他做些什么。而且，对顾客的微笑还有量化标准，微笑要露出“八颗牙齿”。

在企业日益服务化的今天，企业不仅要拼产品，还要拼服务，服务正越来越成为企业的立足之本。我们总提到“250 法则”，意思是在每位顾客的背后，都大约站着 250 个人，这是与他关系比较亲近的人：同事、邻居、亲戚、朋友。如果有一个顾客感到不愉快，他就会四处诉苦，影响到其他 250 个人。相反，如果顾客得到了良好的服务，他却不会和很多人分享，因为他认为享受这种服务是理所当然的。但如果服务真正超越了顾客的期望，他就会到处宣传。

超越顾客的期望，他们就会再度光临；而且超越了顾客的期望，不仅能赢得顾客的热情称赞和滚滚财源，还会为企业赢得价值无限的“口碑”，为企业的长远发展奠定坚实的基础。

沃尔玛制胜的法宝就是便宜和服务。“天天平价、服务顾客”就是沃尔玛的核心经营理念。“要为顾客提供比满意更满意的服务”老山姆经常这样教导员工。老山姆不仅这样教导员工，而且还经常亲力亲为做服务的表率。

一次老山姆走到一家沃尔玛分店，发现有个老太太在店里转了一个多小时后，空着手出来。

老山姆就过去跟老太太打招呼，说：“真的很抱歉，我们这么大的商场居然没有一样东西是你所需要的，没有一样东西能帮得到你。请告诉我你想买什么？”

老太太一听，急忙说：“不是，不是，是我自己的问题。我孙子要过生日，我想给他买玩具，但对玩具实在不懂，所以犹豫了半天也不知道买什么。”

老山姆一听，马上说："我最懂玩具了，我孙子过生日的玩具都是我买的，他总是很满意。我带你去玩具柜看看，看能不能帮你找到满意的。"

然后，老山姆便亲自带着老太太去了玩具柜。他仔细地为老太太说明讲解，帮助老太挑选了合适的玩具，最后老太太买到了满意的玩具。老山姆还一直将老太太送到店门口，并鞠躬致意，欢迎她再来。

这个故事被写进了沃尔玛员工的培训教材。当员工们看到自己的老板都在耐心地服务顾客时，他们怎么会不受感染呢？又怎么会不更加精心地服务顾客呢？在沃尔玛培训服务的课程上，经常会用老山姆的服务故事做案例，帮助员工树立超越顾客期望的服务意识。

海明威曾经说过："当我梦想进入另一个世界的天堂时，我就如同身处巴黎的丽兹酒店。"海明威把丽兹酒店比作天堂并非夸大之词，被国际舆论誉为"世界顶级豪华酒店"的巴黎丽兹大酒店是各界名流的至爱，品味过丽兹酒店精致服务的名流不计其数，卓别林、科克多、奥尔逊·威尔士、伍迪·爱伦、艾尔顿·琼恩都光顾过丽兹酒店。资生堂的首席香水师塞尔日·鲁腾斯曾感慨地说："丽兹是一座宫殿，它拥有你需要的一切，但并不是一个缺乏个性的炫耀场所，而是一个大家庭。在这里，你有回家的感觉，服务生对客人直呼其名。无论岁月怎样流逝，你遇到的始终是同样的楼层服务生、侍者和女服务员，他们个个都对你的怪癖了如指掌。这是一个普鲁斯特式的旅馆：你总是能闻到第一次入住时喜爱的长圆形小甜糕的味道。"

丽兹酒店的成功秘诀之一，就在于它的个性化的体贴服务。

在丽兹大酒店入住的常客一般都是空手而来，不带行李箱，因为在酒店地下室有这些常客行李箱的存放处，丽兹酒店甚至还专门备有一个冷藏室，用来存放客人的裘皮大衣。

丽兹酒店的酒吧是以海明威的名字命名的。当年海明威嗜酒如命，被妻子玛丽察觉后总遭责骂，于是酒吧的侍者就专门为海明威调制了一种鸡尾酒，命名为布隆迪玛丽。海明威可以开怀畅饮，而不被妻子玛丽嗅出他的满嘴酒气。如今在丽兹的海明威酒吧有世界上最昂贵的鸡尾酒辛德卡，400 欧元一杯，是用 1834 年的稀有白兰地酒制成。

一位中年人入住过巴黎丽兹大酒店，经历了这样一件事：

早上，中年人准备去餐厅用餐，打开房门后，一位服务生就微笑着跟他打招呼："××先生，早上好！是要用早餐吗？"

中年人奇怪地问："你是怎么知道我的名字的？"

服务生回答说："酒店要求我们，要熟记所服务楼层里每一位客人的名字。"

中年人下到餐厅后，电梯门刚一打开，服务小姐又微笑着跟他打招呼："××先生，这边请。"

"你怎么也知道我的名字？"中年人困惑地问。

服务小姐说："楼层服务生刚打来电话，说你已经下楼了。"

入座后，上好菜，中年人有一些问题想问服务生，但他发现，问问题的时候，服务生就前进一步，回答问题的时候，服务生就退一步。中年人心里想：这是什么毛病。后来，他明白了，服务员说话的时候是担心唾沫溅到了客人的菜里，所以退后一步；说话的时候他怕客人太费力，所以又前进一步。

服务能做到这样的周到细致，还有顾客会不满意吗？

第七章
呈现形式是引爆关注的核心

字不如图，利用图片刺激

一般情况下，带有图片的帖子比带有链接、视频或者文本内容的帖子拥有更高的用户参与度，且几乎占据了Facebook平台参与度最高帖子总量中93%的份额。

在网络媒体刚刚崛起的时候，如果在网络平台上大张旗鼓地开展各种业务——大量发帖，发帖受到了很多企业的关注。当时，为企业带来的营销效果是立竿见影的。而如今各行业已经成熟，再这样做反而为企业带来了营销瓶颈。如今各行业处于尴尬之中，行业的发展方向与企业的需求存在一定的不兼容。发展到现在，专业性和技术较之以前有了很大的提升，但是面向的企业现状不同，企业大都具备了完善的体系，网络方面的建设也基本完善，要想再次取得突破已经变得很难。

其实，帖子毕竟属于新兴的广告宣传形式，很多企业投入费用之后总想立刻就获得不错的效果，这种要求让发帖子变得很难。市场环境发展到今天的局面，无论是地面还是网络都只是宣传的一种方式，产品自身的品质更重要。消费者购买产品的环节增多，仅凭一个帖子就能带动销售提升是不现实的。

不过，随着网络的发展日新月异，每个时期和阶段都有不同的模式和平台出现，这也就为各个行业带来了新鲜的血液。比如说微信公众平台的“定制服务”等，受到了企业的关注，也让沉寂的行业激起一些活力。如何围绕网民为企业打造出实际的价值，才是行业稳定发展的根本。

发帖又分为发表主题帖和发表回复帖。所谓主题帖就是由你来做楼主，而帖子内容是由你来编辑的，别人只能回复帖子的相关内容，或议论或反对或赞美等。

一般情况下，带有图片的帖子比带有链接、视频或者文本内容的帖子拥有更高的用户参与度，且几乎占据了 Facebook 平台参与度最高帖子总量中 93% 的份额。数据显示，带有图片的帖子比那些纯文本内容的帖子会获得更多的“赞”、更多的评论数以及更高的内置链接点击率。而且，那些可以仅以图片就说明观点的帖子则更是广受欢迎。同时，数据还显示，带有图片的帖子相比纯文本帖子拥有高出 120% 的用户参与率，而组图帖子的用户参与率更是相比前者高出了 180%。

在网络营销推广中，论坛营销也是一个很重要的营销推广方法，有些企业利用论坛营销获得了不错的营销效果，有些企业就不尽如人意了。那么什么是论坛营销呢？论坛营销是利用论坛这样的网络交流平台，通过文字、图片、视频等方式来发布要推广的产品和服务信息，让潜在客户了解产品和服务，购买产品和服务。通过论坛营销，可以给网站增加外链、发布广告，可以提升品牌的知名度，为网站带去精准的、高质量的流量等。那么，如何进行论坛营销发帖推广呢？

1. 了解论坛规则

找到一个论坛后，并不是注册成为会员就可以开始发广告信息了，而是要查看这个论坛的人气、发帖量等信息，重要的是了解这个论坛规则，了解发广告的版规等信息。了解了发的帖子，就会受到其他网友的关注和阅读；了解了规则，发的帖子就不会被删除，账号也不会被封号。

2. 注册会员

了解了论坛规则以后，就可以注册成为会员，会员的名称如果支持中文，最好使用中文作为用户名。如果不能使用中文，就使用英文或拼音 + 数字，以能够突出你要营销的产品信息名称为最佳，不要过于随便。注册以后，要将自己的资料尽量填写完善，给网友一个好的信任度，这更加有利于产品和服务推广。

3. 豢养账号

注册成为会员以后，并不代表就可以在广告区或其他重要的板块发布帖子了。这时，要看该论坛的任务，要努力提升自己的等级，增加账号的积分。等级提升上来之后，可以在其他版块与网友互动，也可以在相应的板块发送营销推广信息。

4. 发布营销信息

万事俱备以后，就可以在广告区或相应的板块发布营销推广信息了。尽量不要直白地发广告信息，要将与产品和服务相关的重要的信息写出来，突出产品和服务的卖点。这样写，可以避免过于广告化而被删除，好的帖子还会被搜索引擎收录，其他网站的站长还会转载你的帖子。

要想将论坛营销做好，需要策划好实施方法，不要为了广告而广告，最好是在软文中融入广告。

发布广告还要寻找潜在客户比较多的论坛，千万不要找那些冷门论坛、不相关的论坛。这样做，不仅不会取得好的效果，还会浪费时间。

在论坛中发帖子一定要将所发的帖子链接、论坛网站、发送时间、标题记录下来，方便自己去查询此帖是否收录，效果如何。如果效果不好，就要放弃在这个论坛继续发帖，要加大对效果好的论坛发帖。切记：做好发帖记录统计，提升营销效果。

借鉴“标题党”的幽默风格

> 标题党是有一定的幽默性的，这种幽默性可以吸引人们点进去之后开怀一笑。因此，让标题具有幽默性，能使帖子更引人注目。当然，这类标题要充满智慧和创意，需要用心去构思。

在社交网络中发布精简的帖子并不是 Twitter 的专利，因为在 Facebook 平台上发布 250 个字符以内的帖子同样可以获得高达 60% 的额外用户参与度。如果可以将自己的帖子精简到 80 字以内，所得到的用户参与度甚至可能比那些“长篇大论帖”高出 66%。从这一点中不难看出，Facebook 的用户似乎也更加喜欢“直入主题”式的帖子。

2012 年北京时间 12 月 1 日消息，据国外媒体报道：

> Facebook 新闻记者项目经理瓦蒂姆拉卢斯科（Vadim Lavrusik）周三在一篇博客文章中宣布，Facebook 状态更新的字数限制已经被提高到 6 万多个字符。但是，如果用户想发布很长的文章比如一篇小说，往往需要多次状态更新才行。另外，群发消息和在好友墙上发布消息的字数限制也得到同样的提高。

Facebook 状态更新的字数限制的提高速度几乎与 Facebook 自身发展的

速度一样快。在2009年3月之前，Facebook状态更新的字数限制与Twitter差不多，只有160个字符。然后，被提高到420个字符，现在又提高到了6万多个字符。

以前，社交媒体总是以简洁扼要著称，但是现在情况开始发生变化了。至少有一位Facebook用户已经在自己的状态更新中填入了6万个字符，他还可以写入3206个字符才会达到上限。

精华的帖子一般都没有长篇大论的，几乎都是言简意赅，也就是说，能用5个字表达的意思就不要用10个字来表达。

网络上曾流传过一张图片——打倒标题党。什么是标题党呢？网络上有这么一种人，他们浪费网友时间、欺骗网友感情；他们的帖子充斥着暴力、罪恶等字眼；他们以一些带有“创意”的标题引人注目，其帖子内容通常与标题关系不大甚至无任何联系。例如：“我一个月打胎3次，会有问题的吗”“是不是出什么事了”等，完全无厘头，大家在百度中搜一下就明白了，这些就是标题党。

有的标题党为了招徕吧友增加帖子的访问量，为了某些不便告人的目的，为了吸引眼球、提高点击率，而恶意欺骗广大网友。我们坚决反对此种方式的标题党，但对于标题党的幽默风格还是值得借鉴的。

事实上，标题党是有一定幽默性的，这种幽默性可以吸引人们点进去之后开怀一笑。因此，让标题具有幽默性，能使帖子更为引人注目。当然，这类标题要充满智慧和创意，需要用心去构思（见表7）。

表7　　标题构思技巧

要　求	说　明
简练	用最少的字表达清楚文章的全部思想，能用最少的字涵盖文章的关键内容，最怕又长又弄不明白要说什么的标题
准确	就是恰当、贴切，让标题能简述文章的要义、恰如其分地概括文章的主体思想

续 表

要 求	说 明
传神	要尽可能把标题做得寓意深长、韵味十足、神采飞扬。让标题给人一种新颖独特的感觉；给人一种鲜活脱俗的印象；给人一种呼之欲出的愉悦；给人一种回味无穷的联想

如果你还是不太明白怎样写出一个有创意的标题，那么下面这些实际的方法也许可以帮到你。

1. 超级直接的标题

直接的标题要直接点名文章内容的中心，一点都不遮盖，比如“相机导购技巧后期处理维修综合帖”“尼康相机最新样张”“尼康相机使用感受”。

2. 数字式标题

10个××、6个怎么办、100个方法等，这种标题很容易吸引大家的注意。比如，新手必读：“淘吧推广30招”“101个增加反链接的方法”等。

3. 间接标题

间接的标题就要绕一个小圈子，它在题目中不说清楚文章到底要讲什么，而是说一些貌似不相干的话，可以吊起读者的兴趣，有时也让读者直接走开。比如，“忽悠、疑惑、套头也疯狂、暴强偷拍”等。

4. 提问式标题

提一个小问题，如果吧友恰好也想知道这个问题的答案的话，他们就会点进来看，比如“目前淘宝网最好的减肥产品是什么？减肥茶和运动减肥哪个效果好”等。

5. “如何”式标题

一般建议类文章用这样的标题，比如：“如何制作一个跟我一样的淘吧”“如何巧用淘吧打造个人天堂”等。

6. 命令式标题

这种标题读起来非常有力，有时候能起到意想不到的效果，尤其是否定式的。比如“反链接成为 SEO（搜索引擎优化）最有效绝招的 5 个理由”等。

如果你想让帖子更容易引人注意并易于传播，完全可以通过运用标题党的这种幽默风格。如此，你会发现精心设置的标题可谓“字字珠玑”。

符号化的魔力

> 网络表情符号通常会用夸张、可爱的体态表情戏谑恶搞，具有很强的娱乐色彩。很多网民都使用表情符号来缓解压力、释放情绪、营造轻松有趣的聊天氛围。

如果你认为表情符号仅仅是青少年们的专利，那你就大错特错了。数据显示，使用表情符号的帖子可以有效增加用户的参与度。资料显示，这类帖子通常可以获得 33% 以及更多的用户评论数，还有更多的“赞”。有这一结果的主要原因是表情符号可以增强帖子的“人情味”，并且是一种十分自然表达情感的方法。

随着信息科技时代的到来和计算机的普及，网络聊天日趋成为人们交流和表达思想感情的媒介。在以计算机为媒介的虚拟空间的交流中，受客观条件的限制，彼此看不到对方的表情神态，而纯文字交流又缺乏丰富的、以视觉符号构筑而成的身体语言的表达，因此，只有借助网络表情符号，才可以形象地、直观地反映出说话者的心态和脸部表情，于是，表情符号作为一种特殊的语言、一种表达情绪和表现行为的方式应运而生。

最初的网络表情符号是由标点、字母、数字等一些特殊的符号组成的表情达意的辅助性交际手段。这种辅助性手段也可以看作是一种向传统回归的表意符号。许慎在《说文解字·叙》中说：“象形者，画成其物，随体诘诎，日月是也。”“诘诎”，即弯曲。也就是说，古人把物体的轮廓用弯曲的线条画出来，以表达所知之物，这便是象形。而表情符号正是巧妙地回应这一传统的造字法。

1. 网络表情符号的特点

网络表情符号是符号的一个分支，是一种特殊的视觉符号，具有一般符号的特点，如任意性、可认知性、可创造性等，同时，又有自己独特的特点。具体表现在以下几个方面。

（1）即时性

表情符号通常出现在即时通讯中，表现交际中的即时感受。网络表情符号的即时、快捷迎合了现代社会生活的需求，可以给人带来直观的视觉冲击。

（2）形象性

这是表情符号作为非文字符号的一大优点。表情符号对现时的表情模仿生动形象，被赋予了性格、生命，给虚拟的网络生活增添了许多生气和实在感。如 QQ 聊天中的魔法表情，运用动态的图像，加之以声音、文字和夸张的动作，惟妙惟肖，给人以新鲜感。

（3）趣味性和幽默性

网络表情符号不乏滑稽搞笑的情态，通常会用夸张、可爱的体态表情戏谑恶搞，具有很强的娱乐色彩。很多网民都使用表情符号来缓解压力、释放情绪、营造轻松有趣的聊天氛围。比如兔斯基系列用一只眯着眼睛、线条柔软、动作夸张的小兔子形象来表达懒散、颓废的性格基调，可爱而惹人发笑。

（4）创新性

网络表情符号与一般场合的语言以及其他网络语言不同，它是由字母、数字、标点符号和图片等组合而成的，突破了原有的符号系统，打乱了原有符号的使用范畴，产生了新的符号形式，带来了全新的内容。

同时，在人类社会和计算机技术的发展进程中，这些表情符号自身也在不断创新，如失意体前屈“orz”这个符号的发展有“○rz”“6rz”“orZ”“OTz”“Xrz”“崮 rz”“囧 rz”“茵 rz”“商 rz”“口 rz”“益 r2”等几十个变体，每种变体都赋予了其特殊的时代含义。

（5）时效性

表情符号随着当前发生的时事政治、社会热点不断更新，表现出很强的时效性，以此来表达创造者的理解和观点。如前段时间报道的毒胶囊事件，QQ 搜索表情里很快就出现了一只大纸鞋，旁边还附带有文字信息为“我怕是一只皮鞋”，诙谐幽默地抨击了当前的社会热点问题。

（6）时尚性

网络表情符号是一种充满个性特征的表达方式，它吸收了动漫、流行歌曲、影视片断等时尚元素，成为一种艺术和时尚。据调查，使用该表情符号的群体多为青少年，这是一群追求时尚、流行的人群。时尚性也就成为网络表情符号的一个突出特点。

(7) **系列性**

表情符号往往是成组出现的。例如，腾讯上的经典表情是以小太阳为原型勾勒出的面部表情系列，搜搜网络表情中有很多表情包，如兔斯基、阿狸、炮炮兵等。对偏爱某一类表情符号的人来说，网络表情的这一特点满足了其使用相关表情的需求。

2. 网络表情符号对语言符号的影响

网络表情符号是网络上出现的替代部分语言的符号，它的出现弥补了语言表达的不足，对语言符号发挥着积极的作用。

(1) **网络表情符号传达出了微妙、易读的意义**

网络表情符号辅助传统语言，使那些无法用语言表达的微妙意义传达出来，具有只可意会不可言传的功效。表情符号的使用可以弥补语言符号的不足，增强表达效果，给人以新鲜感和直观感。

作为一种非语言符号，网络表情符号以其形象性和创新性的特点充分表达了说话人的心理活动和情绪反应，简洁含蓄，意味深长，具有文字表达所没有的魅力。此外，表情符号的简单直白和以形会意的特点，满足了使用不同语言的人之间交流的需要，它是对传统语言的补充和超越，是语言中的鲜活成分，能够促进人们在网络媒介下更好的交流。

(2) **网络表情符号创造性地使用了语言这一交际工具**

借用信息论的术语来说，语言运用这一过程大体可以分为“编码、发送、传递、接收、解码”5 个阶段。信息一经输出，说话人发音器官所发出的声音就会通过空气等通道传递，到达听话人的一方。而网络表情符号只要在系统中选择相应的字符表情、默认表情、魔法表情或图片等，依托互联网，点击发送，就会传递到接收方的网络平台上，让对方看到。

网络表情符号的编码过程是一个人思维意识意象化的过程，它表现出来的是图画式的，以形会意的象形隐喻构造方式，意义一目了然。

网络符号的大量使用在一定程度上改变了传统的语言思维模式，其特殊的信息传递方式是对传统语言方式的一种颠覆和创新。

恰当地把握时机

> Twitter用户在Twitter上发微博时，白天的Tweet量要大于夜间。而转载Tweet的行为在夜间发生的更为频繁；Tweet转载量在凌晨四点时（美国东部时间）会达到最高峰。

一周中，哪一天发布文章可以达到最佳的围观效果？一天中，哪一个时间段又可以最大限度地利用这种效果呢？国外一位社交媒体学家在对当今全球最受欢迎的微博 Twitter 和 SNS 网站 Facebook 进行一番调查分析后，得出了一些有意思的结论：

Twitter 用户在 Twitter 上发微博时，白天的 Tweet 量要大于夜间。而转载 Tweet 的行为在夜间发生的更为频繁；Tweet 转载量在凌晨四点时（美国东部时间）会达到最高峰。

转载 Tweet 的行为在一周的后半周，尤其是周五，发生的频率更高。

以上结论是基于对近 1 亿 Tweet 转载量做出的分析。

关于对号称全球最大、最受欢迎，用户数最多的 SNS—Facebook 的分析，也有一些耐人寻味的发现：

首先，虽然大多数新闻型网站和博客都在工作日——周一至周五发布文章，但周六周日发布的文章更容易被 Facebook 用户转载。造成这种现象的原因之一可能是，超过 50% 的公司在上班时间屏蔽了 Facebook。

上午 9 时左右发布的文章在 Facebook 上的转载量，比其他时间段发布的文章都要高。所以在上午发表文章，下午近傍晚的时候通过微博推出去，可以达到较好的推广效果。

调查显示，大多数读者最喜欢在上午查看自己关注的博客是否有新动态。之后的一天内，随着时间向后推移，对博客的关注度递减。

调查还显示，一天内在不同时间都发布文章，可以吸引更多的用户来访。

Facebook 用户在周四、周五的用户参与度比一周内的其他时间要高出了 18% 左右，这主要是因为只有人们在不工作的时候才拥有更多的时间来访问 Facebook。

同时，这项调查还针对诸如体育、零售、汽车、医疗保健等不同行业作出了分别统计，虽然用户参与度的起伏会根据行业的不同而有所变化，但用户参与度的高峰基本都是围绕在一周工作日的末端，即周三至周五期间。

好的信息引人猜测与思考

> 在疑问帖标题中，使用什么样的关键词很重要。通常来说，文章标题是决定帖子是否吸引别人眼球的一个关键，是决定文章成败的所在，所以要在标题上做足工夫。

和普通文本帖比较起来，疑问类的帖子拥有高达 100% 的额外用户评论数量。然而，这类帖子也会收获更少的“赞”和分享次数。

什么形式的疑问帖能够获得更高用户评论数？调查显示，以“哪个”（Which）、“谁”（Who）、“是否应该”（Should）为开头的疑问帖通常能够吸引到更多的用户评论，而诸如“为什么”（Why）和“怎么样”（How）为开头的疑问帖所收到的评论数则较低。

在疑问帖标题中，使用什么样的关键词很重要。通常来说，文章标题是决定你的帖子是否吸引别人的眼球的一个关键，是决定文章成败的所在，所以要在标题上做足工夫，否则即使你的文章写得再好，也会石沉海底，无人问津。

首先，疑问帖的标题要紧扣文章内容，紧贴实际情况。如《SB 大战：SEO PK 百度，谁主沉浮》这个帖子，就准确反映了客观现实，因而引起了许多人的关注。当然，疑问类帖子的标题用词应当尊重客观实际，在标题中不能出现主观色彩浓厚或夸张的字眼，如“惊现”“惊爆”等。

其次，抓住浏览者的心理，例如，他们最感兴趣的话题，最想了解的事物，最想获取的知识等。应当将文章中兴奋点提炼出来，靠兴奋点来吸引浏览者。所谓兴奋点，即重要的新闻人物、离奇的新闻事件、重大或者是新奇的事件本身等。比如《高度疑问——“学霸”真有说得那么厉害吗》这个帖子，文章认为，先天的才能固然重要，但是后天的教育是更加重要的。此帖一出，很多人纷纷跟帖。

疑问帖的内容有关企业的也很多，比如，有家创新科技园为该市新兴企业和具有高科技含量的中小型企业提供高效的股权融资支持，有网友对此提出疑问说：“到底挂牌上市有什么好处呢？”于是，很多网友都跟帖发表自己的见解。大致有 4 种帖子：可以多次融资，并且更容易得到银行贷款；挂牌上市会使企业的知名度和认可度有一个飞速的提升，因为人们都看重公司的发展前景；更容易招聘到一些高端人才；管理经营更规范。

还有一个关于企业品牌管理的帖子：

该网友称："企业的品牌之路怎么走？希望大家把自己的资料心得和问题贴上来。"于是，众多网友纷纷发表见解，有的说："由于许多国内外品牌也相继加入市场，尤其大品牌以庞大预算侵夺市场，因此市场竞争将更加激烈，故在行销策略运用及广告媒体应用上，应谨慎小心，步步为营，以求开创佳绩。"有的说："品牌的成功命名，健全的销售流通网络，优秀的广告策略，可以形成名牌效应，一些企业可以据此打开品牌知名度，建立品牌信赖度。"有的说："中国顶级时尚特色品牌，可以有很多机会和国际相关品牌交流合作空间。"这个帖子在当时曾一度引发热议。

疑问类的帖子总是能让很多网友感同身受，网友在使用企业产品时经常会遇到一些问题，提出一些疑问，这些问题和疑问可能是很多人同样都会遇到的。在网络这个公开的平台上，不管是情绪上的发泄，还是问题的求助，都会引来关注。

推出含有竞争元素的主页

如果某一品牌希望获得更多的用户关注，在主页中大量使用诸如"赢家""胜利""全新""促销""比赛"等关键词，会使自己的社交营销活动变得更富有成效。

主页，也就是首页或起始页，是一个网站的起点站或者说主目录。它是用户打开浏览器时默认打开的一个或多个网页；也可以指一个网站的入口网页，即打开网站后看到的第一个页面。大多数作为首页的文件名是index（指数、索引）、default（默认、违约、缺省）、main（主要的、主力）或portal（一款游戏）加上扩展名。

网站的首页是一个文档，当一个网站的服务器收到一台电脑上网络浏览器的消息链接请求时，便会向这台电脑发送这个文档。当在浏览器的地址栏输入域名，而未指向特定目录或文件时，通常浏览器会打开网站的首页。网站首页往往会被编辑得易于了解该网站提供的信息，并引导互联网用户浏览网站其他部分的内容。含有竞争元素的主页，对企业进行网络营销显然具有重要意义。

如果某一品牌希望获得更多的用户关注，在主页中大量使用诸如“赢家”“胜利”“全新”“促销”“比赛”等关键词，会使自己的社交营销活动变得更富有成效。数据显示，发布含有竞争类元素主题帖子比普通帖子拥有高达550%的用户评论数。

2014年9月11日，中国营销传播网站发表署名“菜籽”的文章——《宜家数字可视化导流》。文章认为，在电子商务兴起和家具市场竞争日益激烈的当下，宜家必须改变自己的商业模式，不能像以前一样仅仅锁定实体店业务运营，应该从单一销售渠道向多元销售渠道转变，“宜家还要解决一些问题，其中的关键问题之一是如何将线上资源战略性地整合到实体店中，以带来更多的客流。”

对此，文章引用了克劳迪尔·威尔万希达的观点：“这涉及很多方面，涉及宜家和客户的每个接触点，以及宜家和客户的关系。对于我们而言，宜家实体店，以及客户在实体店接触到的宜家店员，一直都是我们进行线上线下整合时最注重的因素。”

如果宜家看到了“菜籽”的这篇文章，定会获得一定的启示。其实，中国营销传播网的主页有关企业竞争的元素非常多，堪称“含有竞争元素的主页”的典范。如果企业在社交营销活动中，能够以这样的风格和内容设置自己的网络主页，企业的品牌一定会得到更多用户的关注，取得理想的社会效益和经济效益。

利用优惠活动，进行价格引爆

> 推销首先是销售自己（品牌），一旦认可了这个人（品牌），产品自然就好卖了。虽然每笔生意损失了1角钱，但由此获得更多忠实顾客，这样利润就非常可观了。

数据显示，42%的Facebook用户会因为可以领取优惠券或者拿到折扣而关注某一Facebook主页。可以让参与用户领取到优惠券的Facebook营销活动拥有着最高的用户参与度，为了提高参与度，可以让用户领取免费小样，或者举办抽奖活动。

在一个菜市场有几家卖豆制品的摊点，可只有A店主的生意火爆，大家宁可排队等也不到旁边的店里买同种东西。是A店的价格比其旁边店铺便宜许多吗？不是，A店的价格和别的店都是一样的。是所卖产品的质量比别人好很多？也不是，他们所卖的产品的质量差不多。是有买赠促销手段吗？更不是，小本生意不可能有这么大的利润！

其实，只有一个非常简单的原因：无论顾客买什么东西店主都会主动少收一角钱。例如顾客挑了块豆腐，他把豆腐放到电子秤上一称显示 1.7 元，他就会说："就收 1.6 元吧。"就这小小的 1 角钱让他获得了顾客的信赖，使他的生意越来越火红。

在顾客接受产品价格并已经决定购买豆腐后，摊主主动让利是关键的一招，使顾客觉得那 1 角钱的确是摊主让利给自己的。因为原本自己已经要掏钱了，也没有要求减价，这个摊主完全可以多赚 1 角，但主动减少一角，顾客就会觉得这个店主做生意不贪，不像其他商人想尽办法多赚一分是一分。

同样是让利 1 角钱，如果让顾客提出来，就没有这个效果了。推销首先是销售自己（品牌），一旦认可了这个人（品牌），产品自然就好卖了。虽然每笔生意损失了 1 角钱，但由此获得更多忠实顾客，这样利润就非常可观了。

第八章
让关注成为企业营销的利器

让消费者说出他们的心声

顾客满意度是衡量企业表现的温度计，只有让消费者说出自己的心声，才能提升顾客满意度。

为了给忙碌的都市人建立起一个对话的平台，把1号店作为食品及日用百货网络超市介绍给广大消费者，1号店网上超市推出了主题为“不二之选”的系列品牌形象广告。该系列广告由一系列风趣幽默的视频及平面广告构成，以戏剧化的手法再现了快节奏生活的都市人群在百货超市购物时经常遇到的种种困境。通过1号店的系统平台和商务模式，与传统超市购买模式形成了鲜明的对比，为繁忙的都市人带来购物新体验。

其中，有一个30秒的视频广告：一个年轻人正在超市排队耐心等待结账，眼看还有一位就轮到他了，可是排在他之前的顾客突然大声召集所有的亲戚来插队。崩溃无助的年轻人戏剧化地缩进了蜗牛壳，继续缓慢地等待结账。还有3个视频广告也表现了在超市购物的类似窘境，比如提着沉重的购物袋回家、退换货时烦琐的流程等，但都有一个轻松又极富戏剧性的结局。

通篇广告，最出彩的就是那个“二”字，一语双关，一语中的，十分出众。

1号店是一家网上超市，而在网络购物人群中，“80后”和“90后”占据了绝大多数，购买力很大。既然广告是面向“80”“90”的，那么广告语本身就必须从“80”“90”身上寻找他们熟悉的形象、熟悉的声音和熟悉的文字。“二了吧！”就是其中的代表。

“二”这个词最初是从方言演化而来的，各地方言中均有一些与二有关联的词汇，如“二怂”“二锤子”“二面”“二货”“二球”，还有大家比较熟知的“二百五”等。网络文化将这种带有地方方言色彩的词汇加以简练，形成了一个指代更为宽泛的新词汇——“二”。

“二”就是这些词汇的简化，指代上述词汇，用来形容某人的行为或做事的风格。“很二”是个形容人的贬义词。词义很宽泛，视具体语境可以代指为：行为及做事鲁莽、做作，头脑简单、愚钝等。

“不二之选”这4个字，更是用得神乎其神！一方面是指不愚蠢的选择；另一方面是指不作第二个选择，只认准了这个品牌。不仅诙谐幽默，还贴近生活，更把1号店的第一网上超市的定位大声说了出来，怎能不好！

顾客满意度是衡量企业表现的温度计，只有让消费者说出自己的心声，才能提升顾客满意度。

无独有偶！2009年，达美乐出现了一件历史性的公关事件。

一个员工恶搞比萨的行为被放到了网上，引起用户大量的反应。最后，达美乐CEO（首席执行长）都不得不出来道歉。但这仅仅是一个导火索，调查显示，达美乐在用户心中的地位直线下降，各种各样的理由都有，比如“吃起来像塑胶食品”等。于是，达美乐做出了一个重要的决定：改变50年以来的口味，从达美乐的管理层开始倾听消费者的声音。

他们通过社交媒体，建立了官方关键字来收集用户心声，接着把做好的比萨送到用户的家中，请用户来品尝，并提出修改意见；同时，还将活动的视频放到网上，吸引更多的人参与达美乐新口味的改变。

事实证明，这样的策略是非常有效果的，达美乐的股价由此上涨了40%，大量的媒体相继报道了此事。

观察并建立企业的客户地图

几乎每家公司都有客户的邮件列表，如果在Excel中有这些数据且安装了MapPoint，就可以在地图上绘制1万多个客户。在地图上查看客户，不仅有助于设计广告，也有助于了解客户和你的距离。

为了做到更精准的营销，可以针对成交客户画一张“客户地图”，即这些客户主要分布在哪个小区、哪些单位，然后投入更多的力量，前去拓客（也就是大家常说的拓展客户）。

在南京，有一家咨询公司，一共代理了17个项目，包括保利紫晶山、金地自在城、威尼斯水城、富力城等品牌楼盘。如何找到意向客户？如何做营销？公司的领导认为，精准最重要——用最小的营销费用，收到最大的效果。

公司领导根据项目定位，针对特定区域和人群，进行了扩客。如果是高端项目，就去河西、城东、玄武湖周边等富人集中的区域去拓客，而不要去城南、城北等区域。研究发现，在江南八区里，鼓楼区的购买力最强，因为这里聚集了大量的高校教师、医生、公务员、企业高管等；玄武区的购买力排名第二；白下区、建邺区的消费力也不错；购买力相对较弱的，是下关区和秦淮区。

为了做到更精准的营销，公司领导还针对成交客户画了一张“客户地图”，即这些客户主要分布在哪个小区、哪些单位，然后他就会投入更多力量，前去拓客。当领导发现保利紫晶山有很多成交客户来自银城东苑时，就到银城东苑做了大量的小区电梯广告、更多的小区巡展。

有一次，在银城东苑门口做宣传，公司摆了三天摆位，都没什么收获。后来一个年龄较大的阿姨，问一个业务员：“你们在干吗?”业务员说：“卖房子。”阿姨说：“跟我走吧，我有几个朋友想买房。”阿姨把业务员从二楼带到六楼，介绍了8户人家，直接成交了2套房子。

显然，这样的营销往往更加精准，比到地铁口、新街口广泛撒网，要有效得多!

几乎每家公司都有客户的邮件列表，如果在Excel（一种办公软件）中有这些数据且安装了MapPoint（微软推出的关于地图的一个作品），就可以在一张地图上绘制1万多个客户。

在地图上查看客户，不仅有助于设计广告，也有助于了解客户要走多远才到你所处的位置。可以通过下列步骤将公司的客户数据绘制在地图上：

第一步，将客户列表导入到Excel中。务必添加标题，如姓名、地址、街道、邮编等。将数据保存到Excel工作簿中；

第二步，启动MapPoint，选择“Data > Import Data Wizard”（数据导入

向导）；

第三步，找到并选择该 Excel 文件；

第四步，确认字段映射，单击“Next（一种命令显示系统）”按钮，然后单击“Finish（完成、结束、表面处理）”按钮。MapPoint 将把地点与已知地址匹配；

第五步，如果有不匹配的记录，MapPoint 将显示所有相近的猜测，如果你在地址级进行匹配，可能有很多不匹配的地址，如果比较着急，可单击“SkipAllRecords（跳过所有记录）”按钮，只对匹配的记录进行定位；

第六步，选择图打地图，单击“Next”按钮；

第七步，将符号从图钉改为小圆圈，单击“Finish”按钮。

通常，可能有一些比较远的客户，在旅行时会访问你的公司。这些遥远的客户会缩小 MapPoint 以显示所有的客户。使用 Select（查找）图标，在公司周围绘制矩形，然后在矩形内单击，可以得到一份最密集，密度最大的客户地图。这有助于决定通过哪份报纸或电台有效地拓展客户。

打造企业社区并招募社区成员

> 网络营销的成功往往是多种手段共同作用的结果。在投放搜索引擎广告的同时，结合其他网上方式共同出击，才可以收到最理想的营销效果。

短信、游戏、聊天、B2C、C2C 电子商务……一段时间以来，互联网似乎成了个人用户的天下，而对企业、尤其是中小企业用户来说唯一的亮点就是搜索引擎广告，以致有人产生了这样一种误解：中小企业实施网络营销，就是做搜索引擎广告的。

其实，网络营销的成功往往是多种手段共同作用的结果。在投放搜索引擎广告的同时，结合其他网上方式共同出击，才可以收到最理想的营销效果。

针对这一点，搜狐的 B2B 商务平台——“搜狐商机”发挥着独特的功效：此平台依托搜狐自身强大的品牌、互动搜索技术和庞大用户流量等优势，以企业诚信为基础，为搜狐商务会员提供在搜狐商机平台上发布或获取供求信息、行业展会信息等各种商业资讯的服务；同时，极力为网上会员打造相互沟通、交流的线上、线下机会，成为企业，尤其是中小企业的网上企业社区。

2004 年 9 月 18 日，“搜狐商机”首次在南京举办了商机线下商务交流活动，会上邀请了“商机”客户的供需各方，将“虚拟”市场带入了现场环境，不仅加深了供需各方之间的相互了解，更将线上商务洽谈引向深入，有利于促成贸易双方的长期合作，巩固了线上的“商机”模式。

尽管已有阿里巴巴、慧聪等行业门户的 B2B 平台，“搜狐商机”仍然以其突出的优势获得商务会员的青睐。

1. 建立在搜索基础上的 B2B 平台

大多数互联网用户都是通过搜索主动查找信息的，使得搜狐搜索引擎成了商机搜索的推动器。搜狐商机是完全建立在搜索基础上的 B2B 平台，会员发布的信息都可以在搜狐商机搜索中找到。

此外，商机平台还通过采用“上下文匹配技术”自动检索会员所需的供求信息并发送到会员的商务邮箱，而该商务会员发出的供求信息也会自动发送到目标会员的邮箱，以此保证发布的信息都能主动发送到目标客户，实现商机自动匹配、互动。

2. 建立在庞大访问量基础上的企业社区

搜狐商务板块每天聚集的稳定的超大流量访问群是其他 B2B 平台难以企及的。旺盛的人气保证了会员发布的信息能够获得更多有效反馈，通过平台结识更多商友，拥有无限的商机。

社区可以通过某一互动平台聚集一批与自己有着共同或互补需求的目标群体，当这一群体的数量上升到一定规模时，该社区的个体就会由此受益。搜狐企业社区人气飙升的直接结果就是为企业带来了无限商机。

概括来说，企业内部的潜在社区生态环境有两种：一是以业务为纽带的工作生态圈；二是以个人关系网为纽带的企业内朋友生态圈。很多企业在构建企业社区时，希望通过建立第一种生态环境来提升企业与员工之间、员工与员工之间的信息交流，加速工作信息的传递和共享，提升企业的工作效率、实现知识共享。

不可否认，构建企业内社区的初衷是好的，然而也让很多企业感到头疼。因为，有些企业已经实施了各种与工作相关的信息系统，比如 OA（办公自动化系统）、财务系统、CRM（客户关系管理系统）、视频会议系统、邮件系统、企业门户，包括业务系统等。这些系统可能相互之间是独立的，如果在此基础上再单独做一个社区挂在门户上，会让信息割据的局面变得更为混乱。

为何要做企业内部社区呢？在弄清楚这个问题前，先要看看哪些企业有必要建设内部社区。企业的组织结构决定了员工的大部分工作属性，员工在工作时肯定知道与工作有关的方方面面，比如：谁是自己的领导、自己领导谁、有什么工作规范、工作流程、技术点、与哪些人一起团队合作、什么时候该完成、工作绩效如何等。如果员工在8小时的工作时间内，根本就没有可能使用到公司的内部网络，或没有与其他同事协作的可能，也就没有建设社区的必要了。

所以，建设内部社区的企业，一定是基于特定环境的，包括：有着庞大的组织架构和为数众多的员工；大部分员工在工作时都是会使用计算机、移动终端及网络；有着复杂的业务体系和知识范畴；有着良好的企业网络及信息架构。满足了这些条件，可以考虑建设企业内部社区。

建设内部社区，概括起来有这样三个目的：让一横一竖的垂直信息体系变为立体的网状信息体系，每个节点都可以是信息的发起；加速企业内隐性知识向显性知识的转移；如果建设的好，可以成为最有效的管理工具。

那么，企业该如何建设社区应用呢？要围绕3点来开展，简单来说就是：开放、服务、共享。

第一，开放。作为企业社区，不能设立太多的约束规则，要向互联网的自由适度看齐，让员工管理自己的社区，所有角色都是社区的一员，不再有领导和普通员工的区别。

第二，服务。社区要能为员工工作、生活、学习等各个方面提供最有效的帮助。服务是需要一定的引导的，企业应该充分挖掘企业文化的价值，并借助社区的一些特性体现出来，发挥最大效用。

第三，共享。这里有两层意义：一是在一个开放的环境内所有信息可以被分享和交流；二是社区可以和企业的其他应用做好融合，让信息来去顺畅，这样的社区应用在企业的信息版图中才更有价值。

在线渠道策略的评估与改进

> 如果在线渠道只想当做销售渠道，只要将线上渠道价格同步过去即可，商家只要将产品价格与折扣力度与各渠道平衡好利益关系就可以了。如果是从事业角度来说，就另当别论了。

沃尔玛从百货向食品的转型，亚马逊从图书向百货的转型，都说明了一点：并不是说零售商的供应链多么强大，而是你占据了目标用户需求的核心品类，要进行多渠道布局。

2010年8月，卓越亚马逊成为国际知名品牌锐步首个官方在线销售渠道。此举是继阿迪达斯、彪马和国内品牌李宁、安踏、匹克相继登录卓越亚马逊的又一次品牌合作。

锐步首次接触电子商务领域，消费者通过卓越亚马逊就能购买到包括鞋类、服装、配件等数十种锐步产品。据了解，首批上架的锐步鞋品包括跑步鞋、篮球鞋、休闲鞋等多个品类。

此次上架的锐步产品中最吸引人眼球的是锐步推出的ZigTech跑鞋。这款跑鞋被认为是拥有锐步迄今为止最顶尖运动技术的跑鞋，从制作材质和人体工程学加工方面来说也都是同类运动产品中的佼佼者。该款鞋还受到了F1赛车冠军刘易斯·汉密尔顿和法国足球前锋蒂埃里·亨利的青睐，并成为其代言人。

同时，厂商直供的合作模式保障了充足的库存，使得每个消费者都能买到适合自己的尺码。相比传统的实体店，卓越亚马逊保持其低价的一贯作风，锐步产品中甚至有低至6折的优惠，并免费送货上门。

卓越亚马逊从有关运动产品的用户需求调查中发现，用户不仅注重运动产品的时尚性和舒适性，对运动产品中的科技和概念也逐渐提升。锐步产品中体现的科技性正好契合了目前消费者对运动健康的需求，上线之后受到了消费者的青睐。

此次开辟在线销售渠道，是锐步与卓越亚马逊的首次在线销售渠道合作。锐步经过慎重的遴选，最终选择卓越亚马逊作为可信赖的平台，为更多中国的消费者提供了锐步的产品。

在选择多渠道的时候，要考虑想要实现什么目的？是想将负责的电商当成事业，还是当做销售渠道？当然，绝大多数商家都会先卖货再成品牌。这种思路确实没有错，但如果真是这样，商家是没有真正理解在线营销。如果只想当做销售渠道，只要将线上渠道价格同步过去即可，商家只要将产品价格与折扣力度与各渠道平衡好利益关系就可以了。

如果是从事业角度来说，就另当别论了，需要对整个在线零售市场多渠道进行结构划分！线上市场商家利用渠道可以快速建立高效率低成本的销售模式，扩大商品销售量、提高产品周转。商家要好好规划一下网络上的核心用户群，以自己之所长占据他们需求的核心品类。

1. 以现有的资源能做哪些渠道

商家一定要考虑到自己手上有哪些资源。绝大多数从外贸或生产型企业转过来的商家，动不动就说自己有供应快速生产的能力，这话没错，但是绝大多数商家都有同样的线下渠道，必然会造成渠道冲突。不敢给线上渠道做专供款，担心压货，然而用线下线上同步的款，很容易断货断码。

自己手上的资源一般都是资金、产品和团队，和自身结合起来的时候，各渠道之间又会有不同的要求，商家就要将产品、团队和资金三者进行完美结合。如果三者都具有足够的竞争力，晚做不如早做。

在线上渠道分布之前，有人说“线上十大渠道”，但不是所有的都适合商家。常规的渠道主要包括：B2C 平台、品牌折扣、团购、信用卡商城、积分商城、淘代分销等。

2. 不同渠道优劣分析

一般来说，线上渠道结构分为两种：一种是入仓式；另一种是不入仓。其优势如表 8 所示：

表 8　　线上不同渠道的优势比较

结构	代表	特色
入仓式	京东	可以利用其强大的仓储配送优势销售商品，但其仓储配送成本也会随着销售量的增加而增加
不入仓	天猫	只向商家提供平台、生态服务，商家自己解决仓储配送

3. 多渠道分类

常见的渠道大致分为这样几种。

（1）一级渠道

例如，京东和天猫。天猫和京东对比起来，天猫占据了线上零售非标准类（特别是服装）的江山，而京东占据了线上零售标准类的江山。未来线上霸主是谁的虽然说不准，但可以肯定的是，这两渠道商家都应该重视，不可偏护其一。

（2）二级渠道

例如，腾讯电商、亚马逊和苏宁易购。三者对于线上市场来说，分别具有不同的潜力优势：

①腾讯。凭借其强大的流量及用户群做支撑，不仅在调整了集团战略后对电商进行了重新定位，还在电商业务线上做了重点投入，如今分布有拍拍、QQ 商城、QQ 网购、QQ 团购和易讯（自营）。

②亚马逊。作为全球线上零售霸主，在国内走得很稳健，目前正在调整仓储物流各方面的本土化计划，其系统及物流的支撑绝对是未来发展的潜力。

③苏宁易购。苏宁易购是传统卖场型零售商发展最猛的一位，以其现在的姿态和其强大的供应链支撑，是电商对传统零售冲击变革的典型代表。

当然，还有包括像当当、1 号店，甚至名品折扣的渠道，商家经营状态不同，所做出的决定就不一样，这里就不一一述说了。

4. 渠道目标人群和客单的划分

概括起来，主要有这样几个特点。

(1) 客户群

京东、当当偏向于北方顾客；天猫偏向于南方顾客；而京东男性用户比例高于女性，因为其早期产品确定是男性用品；当当用户是小资型，国企事业单位居多；天猫用户中，家庭主妇和学校师生比例居多。

(2) 客单价

当当（非标准类）客单价、客件数及复购率绝对高于京东和天猫，经过十多年的发展，当当的客户群已经相当稳定；京东客单价与转化优于天猫，用户是冲着京东正品保证及物流保证来的，所以客单在标品类上绝对第一；天猫的优势主要体现在流量上，其获取女性用户忠诚方面是其他渠道无法比拟的。

综其所述，线上零售多种渠道，针对商家来说都有其好处。常言说得好“存在即是理由”！所以，不要刻意偏护任意一方，适合自己的才是最好的！对于商家来说，用户选择购买不是因为是你的品牌，而是因为你在这个平台销售，只有这个平台的用户才会购买。

积极主动参与到社区对话

> 聆听消费者所提出的有关产品的问题，不仅有助于企业更有效地回答这些问题，还会将潜在的危机扼杀在摇篮当中。更重要的是，还能了解客户对产品有什么意见，让企业对产品做出相应的修改和调整。

当你刚接触到一个新的机会，或是准备进行一次新的冒险时，听听别人的建议是非常重要的。对于做产品和服务的企业来说，其他人可以让你更好地了解自己的弱点、漏洞。而且，最有价值的机会往往都来自消费者本身——那些每天都要使用你的产品的人。因此，积极主动地参与到社区对话中，就显得尤为重要了！

如何让整个团队积极主动地参与到社区对话中，并且让你的品牌被更多人所熟知呢？在这里给大家介绍一些方法。

1. 在产品推出以前就建立用户社区

在产品发布前，如果没有着手建造用户社区，就会失去很多机会。事实证明，在产品发布前就着手用户社区的建造，能够给企业带来巨大的好处。首先，企业可以从用户社区中获得大量的用户看法，这些看法能让企业知道自己的产品是否符合市场的需要，例如增加产品购入、获得衡量产品易用程度的早期反馈和提升公众对企业产品的期待等。

其次，可以让企业在产品上市以前获得认知度。在企业围绕产品或是服务打造了一个用户社区之后，如果用户喜欢企业的产品理念，就会自发地帮企业进行推广和传播。企业要给用户社区提供一个足够好的理由，让他们去和身边的人分享企业的产品。在收到了一些有建设性的用户反馈之后，企业要重视起来，将它们用在产品的改善之中。这样做，可以让用户获得一定的参与感。

那么，如何在产品发布前和发布后建立用户社区呢？

（1）要找到自己的用户，知道他们都在哪里

可以使用一些监测工具，例如 Mentuon（一种监测工具）来追踪产品、品牌或是服务的关键词，还有竞争对手的关键词。要仔细分析一下，看看有关这些关键词的讨论都发生在哪里？

（2）找到这些用户中比较有发言权的人

因为他们在日后有可能成为你的产品大使。在监测这些讨论的时候，要留心是谁在领导这些讨论，是谁在分享新的创意或是产品。

（3）联系到潜在的早期接受者

可以研究一下那些有影响力的用户，找到你们之间的共同兴趣，然后与他们展开对话。如果对方对你的产品感兴趣，就可以给他们提供免费试用。

（4）鼓励用户之间进行交流

可以让你的早期接受者加入某个团体的论坛、Facebook 讨论组、LinkedIn 讨论组等。然后，在这些用户团体中提出一些有关产品的问题，鼓励他们进行讨论。

2. 快速定位漏洞和问题

数据显示，在所有提到了某个公司的名称的推论中，大约 31% 的推论是不受企业控制的。仔细聆听消费者所提出的有关产品的问题，不仅有助于企业更有效地回答这些问题，还会将潜在的危机扼杀在摇篮当中。更重要的是，还能了解客户对产品有什么意见，进而让企业对产品做出相应的修改和调整，让消费者更满意。

有些公司还会用消费者所提出的问题来改善他们的客户帮助流程，例如将这些问题添加到“常见问题问答”中。这样做，不仅可以让客户更快地进行自助支持，还能减少客服团队的工作量，提升他们的工作效率。

在许多企业看来，这样的流程是一件好事，但是也有企业采取了另一种做法：倾听每一位用户的问题，但是找到问题的具体解决办法之前，不会做出回应。这样做，看上去效率较低，但是也可以让企业随时掌握用户所遇到的各种问题，能让企业获得开发新产品的创意。

如何减少用户的等待时间呢？方法就是：

首先，建立一个聆听项目，主动在社交网站上寻找用户所发布的抱怨你的产品的内容，并且做出响应；

其次，建立一个团队对用户社区的要求进行管理和响应，当用户主动向你提出问题之后，要在1~2小时内进行响应。用户的耐心有限，如果他们的要求没有在短时间内得到回应，他们就会转身离开。

3. 在竞争中保持领先

监测人们对竞争对手的看法，以及人们对你所在的行业的看法，你就可以在竞争中走在别人的前面，尤其是在你的竞争对手并没有关注社交网站上的用户的时候。在这个时候，你可以与整个团队进行一次“头脑风暴”，试着去弥补市场的空白。

在竞争中，如何保持领先地位呢？让工作人员对竞争对手和整个行业进行监测和分析，每两周或是每个月做一份分析报告；出现新的机会时，领导者要仔细对其进行分析，并且指定相关的团队进行开拓；也可以将全公司所有人集合在一起，与整个团队分享这些信息。

4. 倾听客户需要并且做出响应

倾听，会带来更好的支持、用户黏性和更多的收益。用户的“黏性”与传播方式有着密切的关系，这对任何一家企业来说都至关重要。用户黏性对企业的可持续性增长来说非常重要，如果企业不建立用户黏性，就会快速下滑，最终跌入深渊。

建立用户黏性是一项长期工作，任重而道远！要想增加客户黏性，企业需要做的是：倾听客户需要并且做出响应，留意客户在社交平台上的需要，使用媒体监测工具来获取客户在其他平台上发布的内容，例如论坛、博客等；让用户可以轻易地找到并使用企业的问题解答系统和帮助中心；主动联系客户，请他们为企业提供意见和建议。

5. 将负面报道转化为良好关系

企业可以监测网上对自己产品的评测、文章和评论等内容，这些评论无论是正面的还是负面的，都应该积极主动地与对方取得联系，向对方表示感谢，或是消除对方对你的误会。其实，找到的每一篇文章对企业来说都是一个与博主、记者以及潜在内容合作伙伴建立良好关系的机会。

与文章作者建立关系的方法是：在网上监测关键词，找到有关你的产品的文章；通过社交网络或是电子邮件等方式与作者取得联系；与对方取得联系后，定期为其发送实用的信息，给对方提供可靠的信息源。

6. 当改变不起作用时让你第一时间获悉

在决定改变产品之前，企业一定要先听听用户是怎么说的。如果要做出的改变只是企业自己想要的而非用户所需，最好尽快放弃！同时，如果企业没有改变的计划，但是所有用户都觉得企业需要改变，企业就要做出响应。

虽然转型是一件非常痛苦的事，但是企业必须听取社区用户的意见，并且随时做好转型的准备，甚至是改变企业的发展计划。只有这样，企业才能让客户满意，才能找到一个新的市场。

要想保持灵活性并且进行迅速的转变，不仅要注意用户社区在说什么，还要留意他们何时开始不再发言。如果企业与用户社区的交流突然中断，这就意味着有的地方出错了。

与用户社区进行交流的核心就是建立并维持一个长期、健康的关系，在这个过程中，不仅可以为企业带来增长、创新，还可以让企业从错误中学到经验。其实，企业所需要的一切答案都可以在用户社区中找到，能否找到这些答案关键就在于企业是否能听到用户社区的声音。

利用新工具和新技术进行测量

> 工具是人类想象力的物理呈现，也是社会进步的巨大助力。对于测试而言，工具同样不可或缺。

人类的进化史和发展史，就是一个不断创造和使用工具的历史。工具是人类想象力的物理呈现，也是社会进步的巨大助力。对于测试而言，工具同样不可或缺。其实，很多测试项目，尤其是性能和稳定性测试项目，必须借助特定的测试工具才能完成。

1. 测试工具

测量工具分为两种：一种是由公司开发的，有免费的，也有付费的；另一种是由科研机构或组织开发的。在这里，我们主要从网络流量监控工具、网络性能测量工具上来展开描述。

（1）网络流量监控工具

网络流量监控工具主要有 Sniffer Pro（抓包工具）、Ethereal（免费网络协议检测程序）、PRTG（一种功能强大的软件）、MRTG（一个监控网络流量的软件），以及基于 Netflow（数据交换方式）的软件等。Sniffer Pro 不支持 Linux（一种操作系统），后三者则同时支持 Windows（一种操作系统）和 Linux 系统。

Sniffer Pro 和 Ethereal 都可以对网络的数据包进行监控，还可以对数据包中的内容进行分析，后者的功能较前者更为强大，因为它有很多的扩展插件。

PRTG 和 MRTG 仅仅对流量信息的多少进行监视，并根据数据大小绘制图表，经过反复对比后发现异常现象。前者较后者操作更为简单，监控内容更丰富。

（2）网络性能测量工具

Netperf、Iperf、Tcptrace 等都是网络性能测量工具。其中，Netperf 可以确定大多数网络类型 TCP（一种通信协议）和 UDP（用户数据包协议）端到端的性能；Iperf 微调网络应用程序和服务器的 TCP 参数，可以确定 TCP 窗口大小，生成该网络条件下的最佳吞吐量，优化应用程序和主机参数；而 TcpTrace（获取请求和响应报文的工具）本身不执行网络测试，仅对由 Tcpdump（一种抓包命令）、Wireshark（一种网络监测工具）等程序捕获的数据包进行分析，可以使用 Xplot（一种图形输出工具）输出图形。

每一款工具的功能导向是不同的，各自的特点及优势也就各异。每款工具都是以与现有工具较量的姿态面世的，在工具的选择上，根据需要，可以综合选择几种工具。

2. 测试自动化新技术

测试工具和测试自动化，是一对孪生兄弟。测试工具的目的就是为了代替部分烦琐的手工测试操作，或完成手工测试不可能完成的测试活动，实现一定程度的测试自动化。测试自动化的发展进化和测试工具的进步密不可分，随着测试工具的进步和完善，很大一部分测试工作已经可以做到无人值守，实现了完全意义上的自动化。

（1）拓扑测量

Internet（因特网）网络拓扑研究分为四类：拓扑数据的获取、拓扑特征的发现、拓扑建模和拓扑内部关系。在网络上，网络拓扑研究一般分为：IP（网协）级和自治系统 AS（一种系统等级）级。不管是 IP 级还是 AS 级，为了获得更加完整的拓扑数据，工作人员通常采用多种方法混合的方式。但是，由于网络规模的庞大、结构的复杂，要想获取完整的 IP 级或 AS 级网络拓扑数据仍然存在很多需要克服的困难。拓扑模型的建立在很大程度上依赖于拓扑特征的发现。

（2）带宽测量

带宽测量主要集中在两个方面：端到端带宽测量和逐跳带宽测量。而端到端带宽测量又包括：可用带宽和瓶颈带宽的测量。逐跳带宽测量则主要是测量网络路径上各段链路的带宽参数，着重于测量逐跳链路的带宽值。

带宽测量算法分为 3 种模型：探测报文间隔模型（PGM）、探测报文速率模型（PRM）和基于网络流量模型的测量技术。PGM 存在较大的测量误差；PRM 的测量过程会影响网络状态和已有流量特征，导致网络不稳定和服务质量下降；最后一种，测量结果与实际情况之间的差别较大。因此，要想提高好的带宽测量模型，还需要更多的工作。

(3) 流量测量

目前，测量流量的方法主要有 3 种：

①基于 SNMP（简单网络管理协议）统计数据来获取流量信息，但是只能提供粗粒度的流量信息。

②通过采集流经链路的报文来进行流量测量，因研究相对平等地分析每个报文，会缺少对报文间关系及其更高层次信息分析。

③流量级别的测量，既提供详细的流量信息，又具备一定的可扩展性，因而受到了广泛的关注。

(4) 延迟测量

对于单向时延的测量来说，最主要的问题是，解决两个待测节点之间本地时钟的不同步，于是就出现了各种不同精度的时钟同步方法和授时方法。而在已有的单向时延测量实验中，大多数都是借助于 GPS 接收机或 NTP（一种使计算机时间同步化的协议）来实现同步的。但是，前者通常都比较贵，且与接收环境有着密切的关系；而后者的精度又太低。因此，科学家研究出了几种经典的时钟同步算法。

(5) 测量系统

网络测量系统中亟待解决的问题是：网络测量系统的同一性结构、多种测量工具的动态协作、可扩展性、测量信息的建模和综合、自动化监测方法、网络测量的执行特性分析、资源授权和分配机制、最优化测量任务调度、指标量化等问题。

(6) 可视化

测量的可视化的目标是直观地展示出全面而客观的网络测量分析信息。最常见的可视化技术是描出节点与节点间的链接。通常来说，小型稀疏型网络，由节点和链接可以有效地表示出来。但是，大型网络一般都存在三个问题：显示杂乱、节点定位、可感知的紧耦度。

注重社交网络策略的应用

对于企业来说，如何利用社交网站进行网络营销是很重要的，有时候要根据社交网站本身的特点制定特别的营销方案。

现在是网络营销进行的热火朝天之时，网络营销想必对于企业来说并不陌生，像大家比较熟悉的博客、微博、社交网站 SNS、微信等工具，在社交网站、微信平台上出现的比较多，例如比较火热的人人网、开心网、新浪微博等，这些都是企业进行网络营销的平台。所以，对于企业来说，如何利用社交网站进行网络营销是很重要的，有时候要根据社交网站本身的特点制定特别的营销方案。

那么，应该采取什么方式进行网络营销呢?

1. 利用软文在社交网站上进行宣传和推广

软文营销是社交网站比较好的宣传方式之一，由于社交网站刚开始是处于推广阶段，很多外人对社交网站不是很熟悉，并且行内人也需要一段时间对社交网站进行了解才能懂得它的内涵，所以软文营销在前期阶段还是有必要的，加上现在的社交网站还处于传播阶段，只有让行内人对于社交网站进行了解和宣传，这样才会有人帮你进行推广你的社交网站的概念以及模式，这时候该平台才会有生命力。

2. 进行病毒式的营销来树立口碑

由于 MSN 邀请和邮件邀请等营销方式已经被很多网站使用，导致很多人对于这种营销方法比较反感，但是邮件营销还是有一定的效果的，毕竟邮件邀请人都是朋友，在虚拟的网络里，第一能信任的就是朋友。好友邀请营销是必需的。口碑一直是网站营销的法宝，社交网站也不例外，可是社交网站目前没有可以用做口碑的材料，所以社交网站要借助口碑营销的话，一定要找到值得人人进行口碑传播的材料。

3. 进行有创意内容的营销

内容营销在其他网站还是很重要的，但是在社交网站上，我还不是很推荐，因为社交网站的内容都是会员自己产生、会员自己消费的，网站不对内容进行编辑和整理，自然是原生态的内容，没有营销的基础。

4. 充分利用事件营销或者话题营销

比如，“芙蓉姐姐”“90 后贱女孩”等能够充分利用事件营销，但是社交网站虽然有产生事件的机会，但是绝对不适合作为营销的方式进行传播，首先社交网站的核心是充分的尊重会员，社交网站是个分享、平等、开放的平台，假如社交网站拿会员的事情来炒作的话，无意间伤害了会员，同时也让网站在会员心目中失去了以会员为核心的形象。

5. 活动营销也是不错的选择

线下的活动是能够快速提高知名度和口碑的主要宣传方式。活动也是传统网站增加会员积极性的重要方式之一，对于社交网站来说，活动是最有效、最直接的宣传方式，只是传播的速度慢，范围小。绝对是前期网站发展的重要营销方式之一。

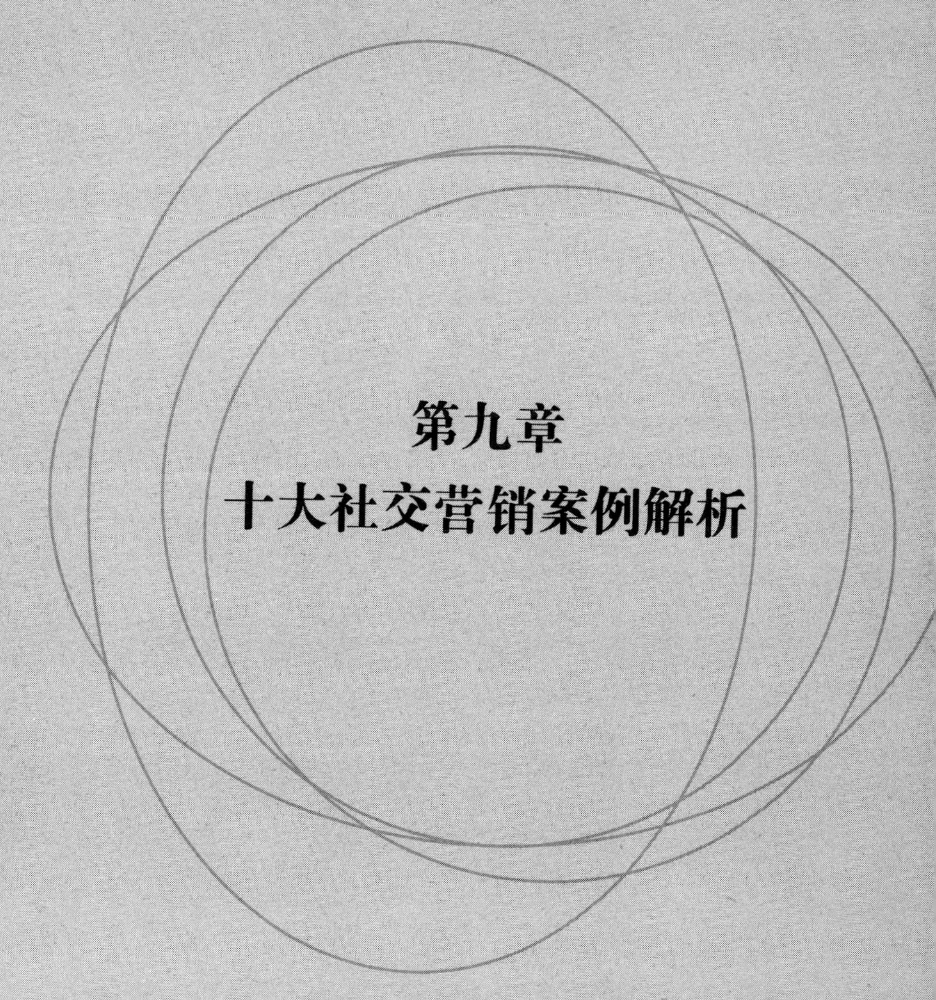

第九章
十大社交营销案例解析

可口可乐的“昵称瓶之恋”主题活动

> 啪啪用自己最具特点的照片滤镜功能订制推出了可口可乐的专属水印，红色的可口可乐昵称瓶在啪啪的红色客户端里演绎出了别样风采。

啪啪——手机好声音，是一款图片语音社交应用，用户多达上千万。用户可以通过啪啪与好友一起来分享图片；如果加上语音介绍，好友之间还可以通过语音进行评论互动。

啪啪的操作方法非常简便，登录后就可以直接用手机录音，网页版甚至还可以上传高品质的长音频；同时，内容可以同步、分享至微博、微信、QQ空间、人人网等社交网络上。用户可以关注收听其他用户发布的各种类型的语音节目，比如：时下热门的脱口秀、网络电台、潮流音乐、相声评书、方言节目、外语教学、广播剧等，让用户的被动时间变得“有趣更有用”。

2013年7月25日—8月9日，啪啪为可口可乐量身打造了主题活动——“昵称瓶之恋”正式上线。

一个个时下很热门的可口可乐昵称瓶，在啪啪上有了更多更新的玩法。啪啪不仅对24款昵称瓶进行了重新定义，还用拟人化的手法变身为

12 对都市男女的故事，演绎出了时下年轻人最“潮”的生活态度和故事。

与这样的故事演绎相配合，啪啪用自己最具特点的照片滤镜功能订制推出了可口可乐的专属水印，红色的可口可乐昵称瓶在啪啪的红色客户端里演绎出了别样风采。

为了和传统客户在手机移动端投放一种软件开发工具包 SDK 的传统广告形式相区别，可口可乐秉承业界一贯极具创意的营销传统，看中了啪啪“照片 + 语音”的产品特点，大胆做出了在照片水印上做广告营销的第一个尝试，每一个人在拍照的时候都能成为品牌的参与者、传播者。

啪啪自身不仅具有自媒体属性，还拥有移动社区的互动基因，将啪啪的内循环与分享的外循环巧妙结合了起来。在这次活动中，不仅在啪啪站内进行了有效互动，众多网友的原发内容还透过啪啪被分享到了新浪微博、腾讯微博、QQ 空间、微信朋友圈、人人网等。

今天的社会极具标签特色，高富帅、天然呆、小清新……可口可乐昵称瓶正反映了这个标签集结人群的特点。此次定制的可口可乐水印滤镜，精选了 3 款时下最具话题度的昵称瓶“有为青年”“萌妹子”和“氧气美女”，这些个性标签让这两款水印滤镜变成了网友们彰显品牌个性的“徽章”，将昵称瓶赋予时尚个性定义。

登录啪啪，不仅可以发布照片，添加可口可乐“昵称瓶”的专属水印滤镜，认领自己的快乐标签；还可以讲述自己和朋友的标签故事。24 款个性不同的人物昵称瓶更被赋予了人性灵魂，两两标签任意组合，搭配创意横生的漫画图片，让可口可乐昵称瓶的形象和品牌内涵更加深入人心。

为了保证啪啪有声照片的内容质量，为可口可乐听众带来听的享受，还特意从啪啪上百位的专业 DJ 联盟中选择了最合适的声音，为 12 条可口可乐内容进行了专业制作。

事实证明，这一活动的效果是非常显著的！在为期两周的活动中，在啪啪站内“可口可乐昵称瓶”的话题下，一共汇集了超过2万多条网友上传的有效内容，总播放量高达110万，网友参与整体活动互动一共产生了近2.5万条评论，同时1万多条使用水印滤镜的内容被网友主动分享到新浪微博、腾讯微博和QQ空间，在第三方SNS平台上带来了有效的传播。

此外，可口可乐“昵称瓶”官方啪啪与新浪微博、腾讯微博QQ空间三方SNS平台账号关联，不仅增加了方便性和参与感，还能迅速向圈外扩散，提升活动知名度。新浪微博、腾讯QQ用户免注册登录，一键轻松加入，既可以创建用户自己的啪啪，也可以收听可口可乐官方啪啪发布的发现推荐，用声音或文字参与评论互动；同时，还可以通过点击桃心，将喜欢的啪啪转发给自己的粉丝。

可口可乐与啪啪合作的方式诠释了啪啪提出的浸入式广告理念，这是传统原生广告的进一步升华。啪啪充分运用移动社区本身互动效果，自身承载着一定的媒体属性，让客户的广告或品牌传递直接浸入到了参与活动的网友互动行为中，可以看作是效果式行销的一次延伸。

加多宝的“对不起”营销策略

> 无论是品牌名称被收回和官司败诉，在加多宝和王老吉的这事当中，谁都不是完全的受害者与恶人。不过，加多宝设计扮演了有趣的角色，“对不起”系列帮助其在公众心目中占据了一个不错的位置。

加多宝集团是一家以香港为基地的大型专业饮料生产及销售企业。

2012年12月20日，王老吉诉加多宝虚假宣传案宣判，广州中院一审判决加多宝败诉，要求销毁相关广告，赔偿原告方广药集团1081万元，并在媒体上向广药集团公开道歉。加多宝当庭表示不服判决，后启动上诉程序。

2012年5月后，加多宝生产的产品不具备“全国销量领先的红罐凉茶”的识别性，其宣传行为对消费者造成了误导。随后，加多宝发出了不服改名广告一审判决的严正声明。声明中指出，加多宝如今已启动上诉程序，一审判决不生效。同时认为，“全国销量领先的红罐凉茶改名加多宝”是客观事实的真实表达，不违反任何法律规定。加多宝认为，产品配方、生产工艺、口味、包装都没有发生任何改变，改变的仅仅是产品名称，改名广告是对客观事实的真实表达。

2013年1月31日，广州市中级人民法院下达诉中禁令裁定书，裁定广东加多宝饮料食品有限公司等被申请人立即停止使用“王老吉改名为加多宝”“全国销量领先的红罐凉茶改名为加多宝”，或与之意思相同、相近似的广告语进行广告宣传的行为。2013年2月4日，由于不服“广告语”被禁用，加多宝凉茶在官方微博发布“对不起”体系列微博。

在媒体给加多宝戴上了口罩的同时，加多宝以一组哭泣的孩童为主画面的“对不起”体系列走红网络。一系列文案在网络上的广为流传，为加多宝赢得了“输掉官司，赢了市场”的美誉。

加多宝于2月4日下午14时推出首张“叫屈图”，随后又发了3张“对不起”，图片上只有一段文字和一个哭泣的外国宝宝。

第一张图片的文字为：对不起，是我们太笨，用了17年的时间才把中国的凉茶做成了唯一可以比肩可口可乐的品牌。

第二张图片的文字为：对不起，是我们太自私，连续6年全国销售领先，没有帮助竞争队友修建工厂、完善渠道、快速成长。

第三张图片的文字为：对不起，是我们无能，卖凉茶可以，打官司不行。

第四张图片的文字为：对不起，是我们出身草根，彻彻底底是民企的基因。

加多宝凉茶新浪官方微博一连发出 4 张“对不起”图片，上面分别写着上述 4 句话，每张图上还有一个哭泣的外国宝宝。短短不到两个小时，4 条不吐不快的哭诉式微博一共博得了 4 万多次的转发，评论超过 1 万多次，“对不起”迅速成为“刷屏王”。

在这个敏感而特殊的时间点，加多宝的机遇把握可谓火候独到，特别是在春节营销旺季，双方娱乐对掐，引发媒体、名人、网友免费转发，可谓是一场“双赢”的成功营销战。

机会就是机遇，就是有效利用人、事和条件。抓住机会等于坐上了一辆顺风车，只有认识到机会的重要性，才会留心机会，才会珍惜机会，才会辨别机会。当法院关于加多宝广告的判决消息一出，迅速成为各大媒体的新闻热点，如何在这个时机点转移媒体注意力，化危机为转机呢？加多宝内部的营销人员花费了大量的心思来应对，最终我们看到了“对不起”系列微博营销。尽管该事件的网上热度也许超过加多宝的预期，但不得不承认加多宝在网络营销上的确下了颇多力气。

《中国企业家》《环球企业家》《新闻晨报》《东方早报》等媒体转发的同时，任志强、许小年、李想、刘春、老榕等企业家、经济学家、媒体人纷纷转发评论，令“对不起”迅速发酵。网友们表示，该广告“太高明”，“明着看是道歉、自嘲，暗中却是宣传了自己，又埋汰了竞争对手。”广告图中哭泣的小宝宝也让很多网友对加多宝的遭遇备感同情，“宝宝不哭，加油！”此起彼伏。更有网友展开了自造“对不起”体的娱乐行动。

无论是品牌名称被收回和官司败诉，还是当年获取“王老吉”品牌时涉及的一些非法手段，在加多宝和王老吉的这事当中，谁都不是完全的受害者与恶人，不过，设计扮演了有趣的角色，“对不起”系列帮助加多宝在公众心目当中占据了一个不错的位置。

明星“大 V”的私人物件展示

令人感到不可思议的是，所有“大V”（微博意见领袖）都是由负责这次活动的广告公司单独邀请的。据了解，整个广告公司上到老板，下到普通同事，都发动了自己的人脉网络。

2013 年 5 月 15 日开始，微博上的“大 V”们纷纷翻开自己的包，以图片的形式晒出自己的个性随身物品，并附上了一个文艺范儿很浓的标签——“打开私囊，惊艳全场”。在 3 天的时间里，一共有 50 位“大 V”参与其中，他们来自各个领域：演艺界、时尚界、艺术界、文学界、体育界等，而这一切都是联想为 K900 手机的上市所策划的一次大手笔的翻包活动。

从每位“大 V”的私囊中，你都可以发现一部联想 K900 手机。从 5 月 16 日，也就是翻包活动开始的次日，联想 K900 正式发布，其发布会的主题也是“惊艳全场”。

只要你是个有心人，一般都能看出植入其中的联想手机，但是能有机会窥探一下明星“大 V”的私人物品，谁又不愿意瞜上几眼？令人感到不可思议的是，所有“大 V”都是由负责这次活动的广告公司单独邀请的。据了解，整个广告公司上到老板，下到普通同事，都发动了自己的人脉网络。

从“大V”们所发布的内容来看，那些布局工整、格式相近的图片显然是广告公司专门找来了一位摄影师来进行统一拍摄的，至于每条微博的文字内容则由“大V”们自由发挥——按照策划人员的想法，这样个性化的活动还是需要更加个性的内容。

至于K900扮演的角色，恐怕所有人都不会相信高端大气国际范儿的“大V”们确实会使用同一款手机。因此在设计构图时，策划人员特别要求将K900放在不是太显眼的位置，一方面是希望更加突出每位“大V”的个性，另一方面则是希望不要把广告做得太硬了。

在“大V”们的翻包热情下，联想的官方微博自然也没闲着，不过动作也仅限于转发、整理一下“大V”们的微博内容。接着，以“大V”们的内容为基础，K900手机在微博、豆瓣包括Minisite上进行了延伸。事实上，受到“大V”们的感召，已经有粉丝把自己的翻包图片发到了微博上，但响应度还不是很高，同时粉丝发到微博上的内容也未必与联想相关。

来自美国雅培奶粉的启示

作为一个奶粉品牌，不仅启用了非母婴类的KOL（关键意见领袖），同时还将品牌与一个国家的印象关联在一起，不得不承认，雅培此次的社会化营销确实有点不走寻常路的意味。

美国是什么？正如一千个人眼中有一千个哈姆雷特一样，关于它的答案有很多种：

美国是被上帝啃过一口的苹果；

美国是一个爱跑步的大叔；

美国是一条被高高吹起的裙子；

美国是一个内裤外穿的型男；

美国是一本很难打开的书；

美国是一个永远轰鸣的英雄梦；

美国是永远抓不住 JERRY 的 TOM；

美国是一张影响全世界的封面；

美国是一只敢在高空打飞机的猩猩；

美国是……

从乔布斯的苹果到电影里的风格，从著名的动画片到一本众所周知的杂志，从一个梦想到一个信仰……如果 9 幅有着地产广告风格且信息量超大的平面广告还不足以让你明白这是要做什么的话，可以睁开眼睛看看这部广告片：几乎相同的内容配以一种教课演示片的风格，借着最后的一句“美国是一罐凝聚着对生命爱和尊重的奶粉”就可以知道，这是美国雅培奶粉的广告营销创意广告片。

这次活动先由高晓松的个人微博公布了 9 组平面广告，然后便获得了 1.3 万次的转发和 2600 条的评论，让这次悬念营销产生了极佳的造势效果。因为你根本就不知道它在说什么！最终的主角到底是谁？高晓松在微博中公布了最终答案——来自美国的奶粉品牌“雅培”。广告阐述了“那些源自美国的传奇”之后，“雅培”的名字才在结尾处闪亮登场。

作为一个奶粉品牌，不仅启用了非母婴类的 KOL，同时还将品牌与一个国家的印象关联在一起，不得不承认，雅培此次的社会化营销确实有点不走寻常路的意味。

猎豹，1024 的草榴节

这是一场猎豹浏览器的传播策划。无论是最初时的快速抢火车票、支持快播等卖点，还是如今的1024草榴节，猎豹的市场团队始终选择着一条“与众不同”的道路。

只要我拿出手机，点击高端大气、飞速看片、无须插件的猎豹浏览器，只要输入简约而不简单的代号，就可以打开低调而内涵的“她”……就可以在我的草榴社区中深藏功与名。

2013 年 10 月 24 日，一条在微博上疯传的“史上首支成人网站宣传片”视频，在短短一日内就收获了 100 万播放量，该微博的话题标签“1024 草榴节”也在 10 月 24 日这天达到新浪热门话题榜的第二位，造就了如同节日般的网络狂欢。

其实，这是一场猎豹浏览器的传播策划。无论是最初时的快速抢火车票、支持快播等卖点，还是如今的 1024 草榴节，猎豹的市场团队始终选择着一条“与众不同”的道路。

草榴社区作为中国最大的农业论坛，同时也是最礼貌的论坛社区之一，在这里没有“黑”，没有“无间”，没有“喷子”，相比那些自诩为门户的网站来说，这里反而更加和谐，所有的回复无非这样几种：“楼主好人”“虽然没图但是还是要支持一下”“太小了不忍心看纯支持”

“谢谢分享”。

1024 的来历有两种解释：

第一，1024MB 即为电脑内存 1G，取汉语谐音为“一级”，意思是“为一级棒”，表达了回复者对发帖者共享精神的赞扬。

第二，这种解释来自论坛的规则。有一次，社区被大量的“广告哥”入侵，为了不让广告肆虐影响大家阅读，所有的新号都被限定为每 1024 秒才可以发一次帖，如果时间没到发帖子，不论是什么样的回复内容，都会被系统改为“1024”。但是，有很多网友为了表示对楼主的支持，跟帖回复，一时间满楼皆为 1024。后来广告问题被解决后，大家依然会回复 1024 表示自己的支持。

“很黄很暴力”的京东重口味广告

2013年10月，京东为“极速达”配送服务发布了一系列平面广告海报。广告设计大胆前卫，且火药味十足。

“极速达”是京东旗下的配送服务，通过“在线支付”方式全额成功付款或“货到付款”方式成功提交订单后，勾选“极速达”服务，京东会在服务时间内，3 小时将商品送到客户所留地址。

在服务费用上，如果选择“极速达”配送服务，将对每张订单在原订单金额基础上加收每单 49 元的服务费用（运费）；如果被客户拒收、退货、换新、维修的，该运费不能退还。

在线支付方式上，如果客户在8时至20时这个时间段选择在线支付方、选择“极速达”配送服务并全额成功付款后，将在3小时内配送商品；如果客户在20时至次日8时这个时间段全额成功付款选择此服务的，将在次日11时前完成配送。

在货到付款方式上，如果客户在8时至20时这个时间段间选择货到付款方式且选择“极速达”配送服务并提交订单成功后，将在3小时内配送商品；20时至次日8时这个时间段暂不支持极速达服务。

在支持商品范围上，京东为部分自营商品可以享受“极速达”配送服务，且每张订单内商品数量不超过5件；如果选择的商品不支持“极速达”服务或超出5件时将不能享受此项服务。

在支持派送范围上，仅北京、上海、广州、成都、沈阳等部分城市的部分派送区域支持极速达服务，并要留意京东相关公告内容。

对于电商企业来说，物流是相当重要的一个关节。阿里巴巴、京东商城、苏宁易购、腾讯易迅均在自营物流上面投入了许多的成本。2013年10月，京东为“极速达”配送服务发布了一系列平面广告海报。广告设计大胆前卫，且火药味十足，比如：“有Shi以来最神速快递”“不过脱件衣服的时间而已”“比男朋友更快”等。

很多网友表示，京东此系列平面广告的亮点在最后一幅，即穿着马的外套的快递员踩在一只鸟的身上，文案却是“亲爱的你慢慢飞”。网友认为，这幅海报的言外之意不外乎是“踩低马云牵头组建的菜鸟物流”。

对于这种明显的攻击竞争对手的方式，不少网友称“很黄很暴力”。

NIKE 的人人都是设计师

“自由启动”活动试图让消费者真实体验这种灵动，并激发他们的自由表达：每个人都可以成为一名设计师，而设计一双专属自己的鞋子，就像拍照一样简单。

NIKE 是全球著名的体育用品品牌，英文原意指“希腊胜利女神”，中文译为“耐克”。该公司总部位于美国俄勒冈州 Beaverton。公司生产的体育用品包罗万象，例如服装、鞋类、运动器材等。

一张照片可以记录生活中的精彩瞬间，但很少有人会想到，鞋子也可以用来记录那些难忘的生活故事。照片和运动鞋，看似风马牛不相及的两件事，却巧妙地联系到了一起。

作为最受耐克迷们喜爱的跑鞋之一，NIKE FREE 一直以来都是“自我表达、灵活运动和创造力”的象征。NIKE FREE 的新品上市后，AKQA 与 NIKE 合作利用微信平台推出了“自由启动”活动，试图让消费者真实体验这种灵动，并激发他们的自由表达：每个人都可以成为一名设计师，而设计一双专属自己的鞋子，就像拍照一样简单。

参与方式非常简单：加 NIKE 的微信号，随意上传一张照片，就能即刻收到一张根据照片量身打造的 FREEID 设计图。上传的照片越是颜色亮丽、对比度高，FREEID 设计图的色彩也就越丰富。将设计图和启动故事分享到微博，还有可能获得一双真正的跑鞋。

以李娜为例，赛场上的拼搏瞬间、日常生活照、幼年时期的回忆，甚至是指甲油的颜色，都乐意演化为一双双跑鞋。这种基于微信的互动营销显然颇具人气，活动开始的一个月内，已经积累了33090张上传照片。

自成一派的加多宝“微信好声音”

> 加多宝的微信营销模式巧妙借助微信的语言互动功能，将《中国好声音》从线上搬到线下，激发起了广大网友的创作激情，打造了一场人人皆可参与、人人皆可与明星导师互动的“音乐狂欢”。

第二季加多宝《中国好声音》节目以令人惊艳的“好声音”“叫醒”了观众的耳朵，也成就了正宗凉茶加多宝的辉煌。通过两度冠名《中国好声音》，加多宝搭上了娱乐快车，借助最具市场价值的平台，成功地树立起了健康、时尚的品牌形象。

继“唱饮加多宝直通中国好声音”现场推介会活动、好声音促销装、“红罐随手拍”线下互动、“向正宗致敬”海报秀等活动之后，加多宝又进行了新的尝试——推出了微信好声音。观众能够边看边唱，由观看者变成“参与者”，打造出了一场全民狂欢的好声音盛会。

从2013年7月25日起，加多宝“微信好声音”互动活动正式开启。7月25日至8月15日期间，每周四、周五晚19时至22时，观众就可以转战加多宝凉茶的微信平台，通过发布自己的音频获取四位导师的原音点评。

借助《中国好声音》节目的高人气，“微信好声音”一经推出便受到了节目粉丝的欢迎，仅活动第一天就在3小时内吸引了近500人次的参与。网友上传的各类声音与导师们的回复相映成“趣”，“微信好声音”点燃了观众“想唱就唱”的热情。

结合七夕节日，在8月8日至9日两天内，加多宝“微信好声音”还推出了七夕活动专场——只唱情歌。此外，“微信好声音”活动不仅设置了80名参与奖、20名奇葩声音奖，还会选出1名终极幸运奖，送出“加多宝中国好声音”总决赛现场门票2张。

上传“好声音”，赢取“加多宝中国好声音”总决赛门票，如此极具诱惑力的大奖引得“加多宝中国好声音”节目的粉丝们争相献唱。

加多宝的微信营销模式巧妙借助微信的语言互动功能，将《中国好声音》从线上搬到线下，激发起了广大网友的创作激情，打造了一场人人皆可参与、人人皆可与明星导师互动的“音乐狂欢”。在与《中国好声音》节目做最大化传播绑定的同时，创造出了2013年夏天最受欢迎的“加多宝中国好声音”日，并将加多宝凉茶的正宗特质潜移默化地植入到了消费者心中。

加多宝凭借令人耳目一新的娱乐营销策略在凉茶市场中脱颖而出，以健康、时尚、紧随潮流的年轻品牌形象在凉茶行业中独树一帜，市场表现遥遥领先。本次“微信好声音”互动活动，成就了加多宝在微信营销上的先声夺人，也势必将延续加多宝营销创新方式，在凉茶行业的竞争中出奇制胜。

不可否认，与《中国好声音》的合作，是加多宝在娱乐营销上的一大创新之举，“正宗+正版”的合作模式也成就了品牌合作的典范。加多宝正宗凉茶属性，让《中国好声音》的正宗概念如虎添翼，快速抢占了大众心智。“好声音”成就了加多宝，同时加多宝也成就了“好声音”，双方达成了一次完美的合作之旅。

“加多宝中国好声音”的成功之处在于，抓住了《中国好声音》红遍中国的契机，让其影响力从电视走到了微信中，建立起了自己的核心粉丝群；延续和发展了唱吧等手机卡拉 OK 软件的功能，受众不需下载 APP，就可以对着手机唱歌；利用“导师真音点评”的独占资源，与其他品牌的声音互动环节形成了区隔。

啪啪节的冈本“别蕾了”

杜蕾斯面对直白的挑衅，选择了最为安全地回应方式。面对冈本的赤裸裸地挑衅，杜蕾斯选择了保持沉默。然而，这次活动带动了冈本微博有史以来最热烈的一轮转发。

冈本是世界著名的橡胶乳胶制品生产商，主要从事有关橡胶、塑胶和合成制品业，是日本保险套产业的翘楚，被尊称为“日本保险套教父”。

在社会化媒体营销领域，杜蕾斯最先尝到了甜头，它运用特有的品牌天然属性，不断地在社交网络中挑起粉丝的“性趣”。而在 2013 年 8 月，他的竞争品牌——冈本，开始在社交网络发力。

应和着网络屌丝们发明的“啪啪”一词，8 月 8 日顺势被情趣品牌发展成“啪啪节”，而冈本也借机以“别蕾了”为话题标签发布了一组意味深长的平面，处处与杜蕾斯的 0.06mm 针锋相对。其文字如下：

第一篇：别蕾了，贱人就是矫情，0.06mm 的厚度，哪能装出 0.03mm 的高潮？够刻薄才尽性。

第二篇：别蕾了，多 0.01mm 都不是真爱，0.01mm 的隔膜，1000m 的隔阂！够刻薄才尽性。

第三篇：别蕾了，就要薄情！厚道滚粗。做人要厚道，做 ai 要刻薄！够刻薄才尽性。

第四篇：啪啪！别了，蕾！

当然，杜蕾斯面对如此直白的挑衅，并没有被激怒，而是选择了最为安全地回应方式。面对冈本的赤裸裸地挑衅，杜蕾斯没有表现出以往的积极性，反而选择了保持沉默。然而，这次活动却带动了冈本微博有史以来最热烈的一轮转发。

凯迪拉克 XTS 七天倒计时海报

虽然只是明星帮忙发微博，可是从微博的转发数和评论数来看，凯迪拉克的营销手段的确独具匠心！凯迪拉克聪明地利用明星嘉宾作为公众人物的号召力和影响力，为产品和发布会进行了一次有力的宣传。

凯迪拉克是较早入驻微博并使用微信等社交媒体的汽车品牌之一。相对于其他个性鲜明的品牌营销方式来说，凯迪拉克并不算突出，但它一直尝试用自己的思路和方式通过新媒体与消费者进行沟通。

早在 2013 年春节前，凯迪拉克就宣布起用国际巨星布拉德·皮特为即将上市的全新豪华轿车 XTS（一种车型）形象代言人。对于凯迪拉克来说，XTS 是 2013 年最重要的一款车，肩负着振兴国内凯迪拉克市场的责任。围绕着新车和新代言人，凯迪拉克在其社会化媒体平台展开了全面而体系化的营销活动，而微博和微信也就成了它的营销主战场。

春节期间，为了重振凯迪拉克在中国的市场地位，上海通用汽车宣布签下了 Brad Pitt（布拉德皮特）成为凯迪拉克 XTS 的品牌代言人。并围绕代言人于凯迪拉克在社会化媒体上展开一系列营销活动，为新车发布预热。

2013 年 7 月，布拉德 · 皮特出演的完整版广告片终于千呼万唤始出来，广告重点突出了凯迪拉克的“艺术与科技”设计理念，并且通过布拉德皮特与“CUE 系统”的人车互动展示了凯迪拉克 XTS 独特的操控魅力：

> 凯迪拉克 XTS 激情盛夏——冰点秒杀团购会倒计时进行中！
>
> 凯迪拉克 XTS 激情盛夏——冰点秒杀专场团购会于 2013 年 7 月 6 日（周六）正式拉开帷幕！
>
> 想要最优惠的价格？
>
> 想要获得 72 小时先开后买的体验？
>
> 更想要购车长达 5 年 15 万千米免费保修保养的尊享？
>
> 你还等什么？
>
> 7 月 6 日倒计时进行中……

与同级别的其他主流车型比较起来，凯迪拉克 XTS 的定价与同级别德系车型低 15% 左右，价格优势明显。而在配置上，凯迪拉克 XTS 全系标配全景天窗、CUE 移动互联体验、Brembo 高性能刹车、OnStar 安吉星等众多豪华配置，随着两款新车型的加入，消费者只要花费 35 万 ~ 40 万元，就可以拥有一款达到同级别 50 万元左右配置水平的豪华轿车。再加上，“双免尊享礼遇”活动的推出，凯迪拉克 XTS 郑重承诺，5 年 15 万千米免费保修保养，又在售后环节上实现了全面超越。综合考虑价格、配置和用车成本，凯迪拉克 XTS 确实是当今豪华车市场中具有价值感的一款豪华新车。

对于这些活动，宣传海报做出了这样的说明：

> 即日起，凡购买任意一款全新豪华轿车凯迪拉克 XTS 车型，车主均可尊享体验三重惊喜礼遇：第一重，业内首推 3 天 72 小时免费专属试驾；第二重，1 年免息贷款购车真正做到零负担！第三重，购车全系尊享长达 5 年 15 万千米免费保修保养，养车从此无忧；之前不少消费者关注的官方售价 34.99 万元的凯迪拉克 XTS28T 舒适型已全面到店，从来到展厅看车的人流就能看出，这款售价不到 35 万元的中高级豪华轿车十分受欢迎。本月莅临北京经销商展厅，不但享受三重尊崇礼遇，还可同时享受展厅车价巨惠！
>
> 上市发布会倒计时：7 天创新问世！

从 2 月 18 日开始，凯迪拉克参考《圣经·创世记》里上帝用 7 天创造世界的神话，开始在微博和微信上发布 7 天倒计时海报，每天一张，配以不同的文案和文字说明。前 3 天海报的文案向神话靠拢，后 3 天则重点突出 XTS 的功能诉求，最后一天则直接用主题文案，引发出消费者对上市发布会的期待。

除此之外，凯迪拉克还进行了另外一种形式的倒计时。其找来众多各领域的明星、“意见领袖”进行微博接力，在距离上市还有 24 小时的时候开始进行倒计时微直播。众多节目嘉宾包括作家麦家、陆琪、苏岑，演员任重、张俪、蓝燕，音乐家关喆和节目主持人杜海涛等，分别在接力微博上写下自己对 XTS 的理解，以及对这场发布会的期待。

虽然只是明星帮忙发微博，可是从微博的转发数和评论数来看，凯迪拉克的营销手段的确独具匠心！凯迪拉克聪明地利用这些明星嘉宾作为公众人物的号召力和影响力，再次为产品和发布会进行了一次有力的宣传，为了看到真相，越来越多的网友都来围观。

凯迪拉克知道，对于真正有购买欲望的潜在消费者来说，他们想要看到的可不仅仅是这些品牌层面的光环，更希望系统地了解 XTS 的全新配置和强大功能。对此，凯迪拉克准备了一项课程：消费者可以在其微博等多个社交媒体账号中通过一套趣味动画视频来具体了解 XTS 的传承与创新之处所在。

这些视频同样寓教于乐，不仅追溯了凯迪拉克曾经的光辉历史，突出了 XTS 传承品牌的辉煌；视频中的多个“第一次”更是对 XTS 的创新做出了最简洁的诠释。

此外，凯迪拉克还利用微信阵地，呼应微博，进行了多渠道渗透。事实上，当微信成为品牌争相入驻的新阵营时，凯迪拉克也充分利用了这个点对点、直接进入消费者视线中的营销平台，对 XTS 的上市进行了相关推送。营销内容与微博并无差异，但营销效果并不比微博营销逊色。